欢乐游戏 ┃ 阳光运动 ┃ 健康

几种常见乡土材料
在幼儿园运动游戏中的
开发与应用

何 蓉 杨晓英 王 伟 ◉主编

吉林文史出版社

图书在版编目（CIP）数据

几种常见乡土材料在幼儿园运动游戏中的开发与应用 /
何蓉，杨晓英，王伟主编 . -- 长春：吉林文史出版社，
2020.8（2021.6重印）
ISBN 978-7-5472-7100-1

Ⅰ . ①几… Ⅱ . ①何… ②杨… ③王… Ⅲ . ①学前教
育—教学研究 Ⅳ . ① G612

中国版本图书馆 CIP 数据核字（2020）第 142154 号

几种常见乡土材料在幼儿园运动游戏中的开发与应用
JIZHONG CHANGJIAN XIANGTUCAILIAO ZAI YOUERYUAN YUNDONG YOUXIZHONG DE KAIFA YU YINGYONG

主　　编：何　蓉　杨晓英　王　伟
责任编辑：程　明
版式、装帧设计：周忠莲
出版发行：吉林文史出版社
电　　话：0431-81629369
地　　址：长春市南关区福祉大路 5788 号
邮　　编：130117
网　　址：www.jlws.com.cn
印　　刷：北京洲际印刷有限责任公司
开　　本：185mm×260mm　　1/16
印　　张：9.5
字　　数：155 千字
印　　次：2020 年 8 月第 1 版　2021 年 6 月第 2 次印刷
书　　号：ISBN 978-7-5472-7100-1
定　　价：35.00 元

编 委 会

主编：何 蓉　杨晓英　王 伟

编委：何 娟　邢 磊　罗海燕

　　　吴登艳　邵 霞　江 丽

　　　熊 壮　吴 琼　秦龙春

　　　田寒露　陈 莉　罗 娟

　　　艾丽娟　陈红霞　彭红嫒

　　　蒲承娥　冯 英

前　言

早在 2019 年"国培计划"项目实施过程中，就闻听几位主编有将研训成果编写出版的想法，一直鼓励，翘首企盼，终见文稿！是"新冠病毒"的"逼迫"，也是在抗"疫"战"疫"中奋进！

一页一页翻看文稿，主编们的编写思想不断在脑中浮现，身边随处可见可得的乡土材料在书中也显得格外精致，师幼、家幼的运动游戏活灵活现，幼儿教师们（国培学员）的课堂教学精彩纷呈……

本书值得推荐阅读！

如果你是一名幼儿教师，书中"生活即教育"的思想会给你莫大的启迪，你对幼儿运动游戏的设计和教学也许会有更加深刻的认识，甚至是行动上的改变。

如果你是一名学前教育专业学生，书中的优质素材和资源都是经在职优秀教师及专家们共同打磨的实践案例，你可以直接"拿去用"，会丰富你的所学知识。

如果你是一名幼儿家长，你可以参考书中的运动游戏设计，时常带领孩子欢乐游戏，健康运动，轻松建立良好的亲子关系，孩子会自信、阳光、健康成长。

如果你是一位教师培训者，书中为你呈现的是一个优秀的国培计划项目案例，展示了丰硕的"国培"成果，值得借鉴和推广。

相信此书一定会对广大幼儿教师、宝爸宝妈们有所帮助，一定会助推万州学前教育的优质发展。

冉崇礼

目录 | CONTENTS

欢乐游戏 · 阳光运动 · 健康成长

第一部分 青青竹儿乐

——乡土材料之"竹子"

在乡村，竹子很多见，由于竹子的根系太过发达，而且蔓延相当快速，如果不采取一些措施，这些竹子的根系很快就能够将所占地铺满，为此农民伯伯每年都会砍伐一些竹子。怎样让这些砍伐的竹子变成孩子们运动游戏的"宝"？幼儿教师们做了以下尝试。

第一节 　材料加工

一、竹节

材料选择： 挑选较为粗壮的竹子 3 根 ~ 5 根。

工具准备： 电锯、打磨工具（如砂纸）。

加工步骤：

1. 分段。用电锯将竹子分段，选取直径约 8 厘米 ~ 10 厘米，高 8 厘米 ~ 15 厘米的竹节 30 节。

2. 刮青。将竹子锯断分节后用砂纸进行打磨。

二、竹块

材料选择： 挑选粗细均匀的竹子 1 根。

工具准备： 篾刀、电锯、打磨工具（如弯刀）。

加工步骤：

1. 分段。用电锯将竹子分成长约 30 厘米的竹段。

2. 切块。然后用篾刀将竹段分成宽约 5 厘米的竹块，选取合适的竹块 30 块。

3. 打磨。将竹块边缘用弯刀来回刮，直到竹块边沿平整，不拉手。

三、竹圈

材料选择： 挑选适合的翠竹 1 根。（注意：竹子不宜太老，也不宜太嫩，老则过硬，嫩则水分蒸发后成品会缩小，竹篾变脆。）

工具准备： 篾刀、电锯、打磨工具。

加工步骤：

1. 长竹块。用篾刀呈十字状将竹子破开，形成四份长竹块。

2. 小竹条。将劈开的长竹块分开成宽为 1 厘米左右的小竹条（10 条），将竹条分成约 90 厘米长，然后做成圈（30 个）。

3. 打磨。竹条边缘非常锋利，需要用篾刀来回刮一下，在编织竹圈时，才不容易划伤手。

4. 加工。可用布条或皱纹纸将竹圈全部缠绕。

四、竹筒

材料选择：挑选粗细不一的竹子若干。

工具准备：篾刀、电锯、绳子、铁丝、打磨工具。

加工步骤：

1. 竹筒。用电锯将竹子两端的竹节锯下，留取中间的竹筒（30 个）。

2. 打磨。选取竹筒长 25 厘米左右，将竹筒两头打磨光滑。

3. 加工。将长为 80 厘米的铁丝穿入竹筒进行打结稳固。

五、竹竿担架

材料选择：挑选适合的竹子 3 根 ~ 5 根。

工具准备：篾刀、电锯、打磨工具。

加工步骤：

1. 分段。用电锯将竹子分段，选取长约 80 厘米 ~ 100 厘米的竹竿（8 节）。

2. 打磨。刮青，将竹子锯断分节后进行打磨。

六、挑水担子

材料选择：挑选适合的竹子 2 根，洗干净的塑料油桶。

工具准备：篾刀、电锯、打磨工具、剪刀、绳子。

加工步骤：

1. 分段。用电锯将竹子分成长约 100 厘米的段，选取合适的竹竿（4 节）。

2. 打磨。将边缘用篾刀来回刮进行打磨。

3. 水桶。将塑料油桶在瓶盖部分穿上绳子，用剪刀剪断、打结。

第二节 游戏设计

一、游戏一 奔跑的"小车"

1. 适宜年龄段：4岁～6岁

2. 游戏目标

（1）有一定的速度，能快跑20米～25米左右。

（2）善于与同伴合作，体验集体游戏的乐趣。

（3）遵守游戏规则，具有公平竞争的意识和行为。

3. 游戏玩法

游戏玩法

无障碍跑。幼儿分为四路纵队站在起点处，每横排四个幼儿为一组。每组幼儿身体前倾，右手拉着小拉车（竹筒）一起向前奔跑，最先跑到终点线处的幼儿获胜。（适合4岁～6岁幼儿）

绕障碍跑。幼儿分为四路纵队站在起点处，每横排四个幼儿为一组。每组幼儿身体前倾，右手拉着小拉车（竹筒）绕过障碍物，四路纵队一起出发，最先绕过障碍物拉着小车（竹筒）跑到终点处的幼儿获胜。（适合4岁～6岁幼儿）

蹲下奔跑。幼儿分为四路纵队站在跑道的起点处，每横排四个幼儿为一组。每组幼儿蹲下将小推车（竹筒）放在脚前方双手推动竹筒沿着跑道直线行驶，四路纵队一起出发，最先将小推车（竹筒）推送到终点处的幼儿获胜。（适合5岁～6岁幼儿）

4. 游戏建议

（1）竹筒的重量比较轻，教师组织时应注意讲清规则，奔跑时要求竹筒不能离开地面。

（2）还可利用此器械加上小球类物体开展"赶小猪"等游戏或者挥击物体，比较远近或准确率作为胜利的标准。

二、游戏二 勇过梅花桩

1.适宜年龄段： 5岁～6岁

2.游戏目标

（1）能在有一定间隔的物体上较平稳地行走。

（2）尝试用不同的方法过梅花桩，掌握平衡的基本方法。

（3）能够主动地克服困难，勇敢地进行游戏活动。

3.游戏玩法

游戏玩法

　　障碍跑。将梅花桩（竹节）摆放成相邻两个梅花桩（竹节）之间间距为2米的两条直线小路。幼儿分为两路纵队分别站在两条梅花桩（竹节）小路的起点处，幼儿双手做出飞机形状准备"起飞"，两路纵队同时"起飞"（跑出去），沿着梅花桩（竹节）小路绕过梅花桩（竹节）成S航线飞出。（适合4岁～6岁幼儿）

　　平衡走。将梅花桩（竹节）摆放成相邻两个梅花桩（竹节）之间间距为35厘米的小路。幼儿分为两路纵队，每路纵队为一组，分别站在两条梅花桩（竹节）小路的起点处。每个幼儿双手侧平举保持平衡，两路纵队同时出发，单脚交替踩着梅花桩通过小路。所有幼儿都成功通过，先完成的小组获胜。（适合5岁～6岁幼儿）

4.游戏建议

（1）可根据梅花桩的间距、高度和排列，形成不同线路，设计符合不同年龄段幼儿走梅花桩的游戏。

（2）大班幼儿还可增加难度，如加上辅助物，开展运送物体走过梅花桩的游戏。

（3）低矮的竹筒也可开展双脚并拢跳或者两个竹筒上加上一根竹棍开展跨跳游戏。

三、游戏三

1. 适宜年龄段：3岁~6岁

2. 游戏目标

（1）动作灵敏、协调，能够跨跳过一定高度的物体。

（2）探索圈的多种玩法，懂得在活动中注意安全。

（3）乐意参与多项玩圈游戏，感受与同伴合作玩圈的乐趣。

3. 游戏玩法

游戏玩法
钻过竹圈
（1）游戏分为两队，一队幼儿蹲在原地，手拿竹圈围成一个圆形，另一队幼儿成S形走，钻过竹圈。（适合4岁~6岁幼儿）
（2）游戏分为两队，一队幼儿蹲在原地，手拿竹圈围成一个圆形，另一队幼儿围着圆圈在音乐中跑步，音乐停止，圈外的幼儿需快速钻过竹圈进入圈内。（适合4岁~6岁幼儿）
跨过竹圈
游戏分为两队，一队幼儿两两合作拿着竹圈蹲下来，竹圈放在幼儿膝盖的高度，将竹圈排成一个横排，另一队幼儿成S形依次跨过竹圈。（适合4岁~6岁幼儿）

4. 游戏建议

（1）将竹圈固定悬挂高矮不同位置，让幼儿站在一定距离外向竹圈内投掷物品。

（2）两两合作开展游戏，如两人将竹圈高举过头，连接成直线或者其他形状，开展钻山洞的游戏。

（3）竹圈摆放在地面上，组合不同线路，开展单、双脚跳的游戏。

四、游戏四 百变竹块

1. 适宜年龄段： 3 岁 ~ 6 岁

2. 游戏目标

（1）能够身体平稳地双脚连续向前跳；能够单脚连续向前跳 5 米 ~ 8 米左右；能够以手脚并用的方式爬行。

（2）体会一物多玩的乐趣。

（3）有规则意识，能够听方位指令进行游戏。

3. 游戏玩法

游戏玩法
双脚直线跳（适合3岁～4岁幼儿）
将竹块在地上横着摆放成一条跑道，幼儿一个接一个双脚连续跳过跑道。
单脚直线跳（适合4岁～6岁幼儿）
将竹块在地上横着摆放成一条 5 ~ 8 米的跑道，幼儿一个接一个单脚连续跳过跑道。
双脚跳"S"形（适合4岁～6岁幼儿）
将竹块在地上摆放成折线，幼儿排成一路纵队双脚左右交替跳过折线。
单脚跳"S"形（适合4岁～6岁幼儿）
将竹块在地上摆放成折线，幼儿排成一路纵队单脚左右交替跳过折线。
手脚并用正面爬（适合4岁～6岁幼儿）
将竹块竖着在地上摆放连接成一条直线。幼儿排成一路纵队一个接一个，手脚并用从正面或者侧身爬过去。

游戏玩法

手脚着地侧身爬（适合4岁～6岁幼儿）

将竹块竖着在地上摆放连接成一条直线。幼儿排成一路纵队一个接一个，手脚并用侧身爬过去。

跳房子（适合4岁～6岁幼儿）

将竹块在地上摆放成房子的形状，幼儿排成一路纵队一个接一个跳过房子。

竹块接龙（适合5岁～6岁幼儿）

幼儿站拢排成一个横排，每人拿一个竹块，竹块凹面朝上，连接成一条直线。教师拿一个乒乓球从最左边放到竹块的凹槽里。乒乓球在竹块的凹槽里，从左边一直滚动到最右边。

4.游戏建议

（1）竹块摆放灵活，教师要善于动脑，均可开发不同形式的走、跑、跳、爬类的游戏。

（2）可以根据游戏情节增加辅助物，增加游戏的趣味性。

（3）根据《指南》标准以及儿童发展水平，中、小班幼儿均可借鉴游戏。

五、游戏五　好玩的担架

1.适宜年龄段：5岁～6岁

2.游戏目标

（1）学习协调速度走、边跑边运球、钻等基本动作。

（2）善于与同伴合作，尝试"小担架"的多种玩法。

（3）遵守规则，喜欢并乐意参加体育游戏。

3. 游戏玩法

游戏玩法

两人一组练习抬担架的基本方法：立于担架两头，蹲下，双手抓握把手，抬起，一前一后协调行走。

运西瓜

（1）幼儿分为两组，两两合作，将事先准备好的一个球放于担架上，抬起快跑运到目的地，再将空担架抬回，下一组幼儿接力。

（2）逐渐增加球的数量，进行下一组游戏。

过隧道

（1）幼儿分为三组，两组合作，举起小担架成"隧道"，另一组幼儿穿行通过。

（2）交换角色，进行游戏。

4. 游戏建议

（1）本游戏重点在于通过担架的各种基本动作发展幼儿的协调能力、合作能力及手臂肌肉力量。

（2）幼儿游戏快跑的距离大约设置在 25 米左右。

（3）快跑的过程中，遵守游戏规则，球不能掉到地上。

六、游戏六 合作运水

1. 适宜年龄段：4 岁 ~ 6 岁

2. 游戏目标

（1）在合作抬水的游戏中，锻炼手臂肌肉力量。

4 岁 ~ 5 岁：能抬水 2 公斤左右，在平直无障碍的路线及绕过障碍物的路线 20 米左右的距离中，跑步向前运动。

5 岁 ~ 6 岁：能抬水 3 公斤左右，在平直无障碍的路线及绕过障碍物的路线 25 米左右的距离中，跑步向前运动。

（2）积极参加体育活动，知道在运动中保护自己。

3. 游戏玩法

游戏玩法
（1）设置好抬水路线的起点与终点。 （2）两个幼儿并排抬水跑步走直线无障碍路线，到达终点将水倒入大桶再返回，下一组幼儿接力。 （3）两个幼儿一前一后抬水跑步走有障碍物路线，到达终点将水倒入大桶再返回，下一组幼儿接力。

4. 游戏建议

（1）充分理解和尊重幼儿发展的个别差异性，结合幼儿年龄特点，准备多种长度的竹竿和各种重量的油桶，幼儿可以自由选择适宜自己的材料。

（2）游戏路程中障碍物的设置，可随机变化增加难度。如：S形、Z形等。

（3）由于竹竿的材质特殊，幼儿在使用时应注意安全。

七、游戏七 快乐套圈

1. 适宜年龄段：4岁~6岁

2. 游戏目标

（1）手眼协调，会单手用小圈套住前方的小物体。

4岁~5岁：能单手套中前方2米左右的物体。

5岁~6岁：能单手套中前方3米左右的物体。

（2）体验套圈游戏的乐趣。

3. 游戏玩法

游戏玩法
（1）幼儿自由玩圈，探索圈的多种玩法。

游戏玩法

（2）布置场地，幼儿手拿直径为30厘米～50厘米的竹圈，双脚站在同一水平线上，眼睛看着前方距离为2米～3米的物品，单手投掷竹圈，进行套圈游戏。

（3）当掌握套圈技能后，可将幼儿分为两组进行对抗游戏。

4. 游戏建议

（1）本游戏的重点在于幼儿能手眼协调，投中自己的目标。

（2）幼儿可结合自身的能力选择适宜的距离。

（3）套圈时，踩线或者投完没站稳向前出线，视为无效。

（4）准备的目标物品，可作为奖励，鼓励坚持不懈的幼儿。

八、游戏八 竹竿接力

1. 适宜年龄段：5岁～6岁

2. 游戏目标

（1）能够协调灵敏地与同伴合作快跑25米左右。

（2）乐意参加体育活动。

（3）理解并主动遵守游戏规则。

3. 游戏玩法

游戏玩法

（1）幼儿分成2个小组，每组幼儿4人结成一个小分队站成一排，均双手将竹竿共同抬起放置肚脐高度位置。

（2）听口令，幼儿手握竹竿同时进行往返跑，将竹竿交接给本小组后一排4名幼儿，继续游戏。

（3）当本组幼儿全部跑完后则宣布该组完成的时间，时间较短为获胜方。

4. 游戏建议

（1）教师需提前准备 2 根长度适宜的竹竿，布置好 2 条跑道以及往返跑起点与终点，并用图标给幼儿提示。

（2）往返过程中需强调 4 名幼儿均不能让竹竿离开双手或掉落地上，同时注意安全，不能将竹竿两头碰到其他小朋友。

（3）关注幼儿的出汗量，体弱孩子应特殊处理。

第三节　教学参考

设计主题

大班运动活动《竹圈乐》

设计者

赵　燚　重庆市万州区余家中心幼儿园

指导教师

王　莉　重庆市万州区复兴幼儿园

向红霖　重庆市万州区复兴幼儿园

活动目标

1. 学习单脚跳、单脚连续跳及行进跳，有一定弹跳力和平衡能力。

2. 善于与同伴合作，探索体验竹圈的多种玩法。

3. 遵守规则，有公平竞争的意识和行为。

活动准备

主要材料：竹圈每人一个，将竹圈间隔 30 厘米摆成一个大圆圈。

辅助材料：数字标识、音乐。

活动过程

一、热身活动

1. 幼儿一路纵队围着竹圈大圆走跑交替行进，并在行进过程中变换走跑高低姿态及快慢速度。

2.幼儿围着大圆圈，绕着小竹圈成S形进行走跑交替练习，并做一些伸伸手臂、弯弯腰等舒展身体各部位的基本动作。

3.每个幼儿对应一个竹圈练习双脚跳，分别往前跳、往后跳，往左跳、往右跳。

二、探索体验

1.幼儿探索单个竹圈的多种玩法。

（1）套竹圈玩，将竹圈从头部往下套，从脚下取出，或将竹圈从脚下往上，从头部取出。

（2）滚竹圈玩，将竹圈变成轮胎，可双手交替握竹圈向前滚动，也可以用力将竹圈滚出去，幼儿在后面追逐。

（3）转竹圈玩，将竹圈变成方向盘，可以向前开、向左开、向右开、钻山洞等。

2.幼儿尝试合作拼接竹圈的玩法。

（1）将竹圈一个连接一个，变成一条小河沟。

正面爬，幼儿一个接着一个双手双脚着地在"河"的两边正面向前爬行。

侧身爬，幼儿一个接着一个双手双脚着地在"河"的两边侧身向前爬行。

（2）将一个一个竹圈拉开距离，变成过河石头。

双脚跳，幼儿一个接着一个双脚跳进每一个竹圈（石头），顺利到达河的对岸。

3.幼儿在指导下尝试单脚跳。

（1）幼儿尝试用一只脚跳着"石头"过河。

（2）原地练习左脚、右脚单脚跳。

（3）幼儿根据自己的能力将"石头"的距离从小变大进行调整，进行左脚、右脚单脚跳的练习。

三、集体游戏

1.教师介绍游戏玩法及规则：单脚跳过河比赛，幼儿按人数平均分成四组，游戏开始，哪组幼儿全部顺利过河为获胜组，在过河过程中，有幼儿掉进"水"里需从头再来，教师任裁判。

2.幼儿按人数平均分成四组，将竹圈统一距离摆放好，开始比赛。

3.每一轮比赛提出不同的要求，调整竹圈之间的距离，明确左脚单脚跳还是右脚单脚跳。

4.幼儿交流分享比赛的感受。

四、放松整理

1. 幼儿随音乐做放松活动，坐下来甩一甩手臂、相互揉一揉膝盖、捶一锤腿等，重点放松腿部肌肉。

2. 幼儿将竹圈归放到老师指定的位置，在收纳的过程中注意安全和秩序。

五、活动延伸

1. 将竹圈投放在运动材料区，幼儿可以自由取放进行游戏。

2. 引导幼儿可以拉宽竹圈之间的距离，增加单脚跳的难度进行挑战练习。

设计主题

中班运动活动《小小消防员》

设计者

程孝生　重庆市万州区长坪中心幼儿园

指导教师

冉　坤　重庆市万州区电报路幼儿园

王隽劼　重庆市万州区电报路幼儿园

设计意图

近期，我们中班的幼儿参加了消防演练，了解了消防相关知识后，对消防员特别感兴趣，有小朋友说："我长大了就要做一名消防员。"我发现，这正是一个难得的教育契机。

《指南》指出："开展丰富多彩的幼儿体育游戏和活动，使幼儿体验与同伴快乐游戏的同时，获得相应的身体素质和动作上的发展。"所以根据《指南》要求，从生活出发、以幼儿感兴趣的、生活中常见的竹梯为活动器械，结合幼儿对材料的兴趣，以走、跑、跳等方面技能贯穿整个活动，增强幼儿大小肌肉力量发展的同时，促进幼儿团队协作的意识。我设计了本次中班体育活动：小小消防员。

活动目标

1. 能分腿跳和并腿跳，尝试利用竹梯协作抬起一定重量物体并能向一个方向移动。

2. 知道自我保护，有安全意识。

3. 体验团结协作带来的成功。

活动准备

物质准备：竹梯 4 架、站位标识牌 4 个、返回标识牌 4 个。

经验准备：对消防员工作有一定了解，观看过消防员训练视频等。

活动过程

一、消防员角色导入，引发幼儿活动兴趣，进行热身活动

1. 跑步两圈，自由热身。

2. 游戏：消防员听指令站位，进行专项热身。

请幼儿按在每个横向站位标识牌后站 4 名消防员的要求站好队，教师整队。

要求：能听懂老师的指令，完成动作。

二、利用竹梯进行走、跑、跳的训练

1. 走楼梯空隙，熟悉运动路径。

要求：儿童分 4 组分别进行，一个接一个走过自己这一组的楼梯并按返回标识方向往返，听到口哨以后没有走在空隙里的队员停下，行进中的做完排队。每位队员走 2 次 ~ 3 次。（在体育活动中，渗透安全意识，遵守规则，能保护自己不受伤害。）

2. 跑空隙，每组进行 2 次 ~ 3 次。

要求：跑动过程中不推不挤，保护自己和小朋友在运动中的安全。往返方向同"走"一样。

3. 分腿跳楼梯两侧，听到口哨停下，每组进行 2 次 ~ 3 次。（规则要求同上）

4. 并腿连续从楼梯的一边跳向另一边，听到口哨停下，每组进行 2 次 ~ 3 次。（规则要求

同上）

三、课程拓展——尝试楼梯的多种玩法，增强团队协作能力，提高体育运动中的安全意识

1. 立楼梯、分腿走（团队协作）

玩法：楼梯立着不动，小朋友分腿一个接一个让楼梯从胯下穿过。

要求：每一组队员在行进的过程中保护楼梯，不能让其倒下，如果倒下就算本组挑战失败一次。往返方向同上。

2. 坐楼梯，重心移动（锻炼反应）

玩法：每组队员坐在自己的楼梯上面，按老师要求的方向移动重心。

要求：同上。

3. 保护楼梯，不被抢走（排除干扰，学会坚持）

玩法：消防员保护楼梯，不能被老师拿掉。（教师用各种诱惑诱导小朋友们离开楼梯。）

4. 负重前行，辨别方位（团队协作）

玩法：小朋友平放楼梯，队员站在楼梯的两边，然后蹲下，两手抓住楼梯站立。按老师指引的方向前行。（前、后、左、右）逐渐尝试加重重量负重前行。

四、放松活动

队员手拉手围成圆圈，相互捶捶背、揉揉肩、捏捏腿，放松身体。

活动反思

本次活动充分满足了幼儿的兴趣，幼儿参与积极性很高。活动量适宜。在走、跑、跳的训练中，幼儿能很好地遵守游戏规则。在拓展部分幼儿能将空竹梯很好地抬起并移动，但在负重后，出现了抬不起、抬不平等现象。在活动中，我没有及时找到解决办法，活动后与园长、老师们交流后，我明白了这正是一个难得的教育契机，可以通过让幼儿发现问题、解决问题的方法来顺利开展活动。另外本次活动在重难点上凸显得较少。因此，在今后的活动中，一定要做到及时发现教育契机，突出活动中的重点难点。

第二部分 好玩的玉米棒

——乡土材料之"玉米棒"

我国是农业大国，植物资源丰富。玉米芯是玉米果穗脱去籽粒后的果轴，玉米芯作为农业废弃物，除了作为燃料，还可以作为一种教学资源，成为孩子们运动游戏中好玩的教具。

第一节　材料加工

一、带叶子的玉米棒

材料选择：挑选直直的带叶子的玉米棒 20 根 ~ 30 根。

工具准备：叉子、颜料、打磨工具。

加工步骤：

1. 寻找。找到成熟的玉米，将玉米叶一层一层剥开，用叉子将玉米粒剥下来，手可以辅助剥，寻找直直的玉米芯晒干即可。

2. 择选。选取直径约 4 厘米 ~ 5 厘米，长 18 厘米 ~ 20 厘米的带叶玉米芯 20 节。

3. 加工。将玉米芯进行打磨，然后将喜欢的颜料涂抹在玉米芯上晾干即可。

二、玉米芯

材料选择：挑选直直的玉米 20 根 ~ 30 根。

工具准备：叉子、布、打磨工具。

加工步骤：

1. 寻找。找到成熟的玉米，用叉子将玉米粒剥下来，手可以辅助剥，寻找直直的玉米芯晒干即可。

2. 择选。选取直径约 4 厘米 ~ 5 厘米，长 18 厘米 ~ 20 厘米的玉米芯 30 节。

3. 打磨。将玉米芯进行打磨，用喜欢的颜料涂抹在玉米芯上晾干即可。

4. 加工。将一根布条系在一根玉米芯上，将一根布条左右两端分别系在两根玉米棒上。

三、玉米芯节

材料选择：挑选直直的玉米芯 8 根 ~ 10 根。

工具准备：篾刀、电锯、麻绳、打磨工具。

加工步骤：

1. 切段。用电锯将玉米芯分成两段，选取直径约 4 厘米 ~ 5 厘米，长 8 厘米 ~ 10 厘米的玉米芯节（20 节）。

2. 打磨。将玉米芯锯断分节后进行打磨。

3. 加工。将玉米芯每三节用麻绳在中间进行捆绑。

第二节 游戏设计

一、游戏一 炸碉堡

1. 适宜年龄段：4 岁 ~ 5 岁

2. 游戏目标

（1）能单手将物体向前投掷 4 米左右。

（2）体验挑战成功带来的快乐。

（3）敢于挑战不同难度的定点投掷。

3. 游戏玩法

游戏玩法
投过河
幼儿分成 4 组站在投掷处，将炸弹投掷到 4 米外河对面为胜。
投得准
幼儿分成 4 组站在投掷处，将炸弹投掷到 4 米外碉堡里面，炸弹投进多者为胜。

4. 游戏建议

（1）教师可以设置宽度不一样的小河，引导幼儿根据自己发展水平选择合适的距离开展投掷活动。

（2）炸弹的大小可以改变，幼儿可以根据自己的情况选择适合自己的炸弹开展游戏。

二、游戏二 接力赛

1. 适宜年龄段：5 岁 ~ 6 岁

2. 游戏目标

（1）能快跑 20 米 ～ 25 米左右。

（2）尝试用不同的方法传递或交接接力棒。

（3）遵守规则，具有公平竞争的意识和行为。

3. 游戏玩法

> ## 游戏玩法
>
> ### 接力玉米芯
>
> 幼儿分成 4 组站在起跑处，每组第一个孩子手拿接力棒（玉米芯），听到老师口令后迅速跑向对面终点（椅子），绕过椅子原路返回，将接力棒（玉米芯）交给下一位小朋友。游戏继续。
>
> ### 运输玉米芯
>
> 幼儿两两一组分成两队站在起跑线上，两人手牵手，另一只手拿玉米芯，从起点快速跑到终点，并将玉米芯放在终点的筐里，然后绕过终点原路返回，拍下一个小朋友的手。游戏继续。
>
> 幼儿两两一组，双手交叉，手背中间位置放上一个玉米芯。从起点快速跑到终点，绕过终点原路返回。游戏继续。
>
> 备注：中途玉米芯掉地上则捡起放手上再继续。

4. 游戏建议

接力赛游戏中，教师要引导幼儿对游戏的玩法和规则进行讨论，合作伙伴才能配合默契，共同完成任务。玉米棒可以根据孩子的情况调整数量。

三、游戏三　好玩的玉米带

1. 适宜年龄段：5 岁 ～ 6 岁

2. 游戏目标

（1）学习侧身快速向前跑。

（2）感知不同的运动方式，喜欢运动。

（3）遵守规则，具有公平竞争的意识和行为。

3. 游戏玩法

游戏玩法

运送带叶的玉米芯

幼儿学习感知两两合作侧身向前跑。幼儿两两一组手牵手，将带叶的玉米芯放在手腕处，尝试侧身跑运送玉米芯从一个地方到另一个地方。

比比谁最快

幼儿两两一组分成3对站在起点线处，听老师的口令快速从起点侧身跑到终点（桌子），绕过桌子原路返回。哪队最先完成则为胜利。

4. 游戏建议

幼儿在侧身跑合作运送带叶的玉米芯过程中，教师要引导幼儿感受同伴的速度，否则就会破坏玉米带。

四、游戏四 跳房子

1. 适宜年龄段：5 岁 ~ 6 岁

2. 游戏目标

（1）能单脚连续向前跳 5 米 ~ 8 米左右。

（2）能够在游戏中观察、反思、尝试、调整运动方式。

（3）敢于挑战自我，体验挑战带来的乐趣。

3. 游戏方法

游戏玩法

数字跳房子

幼儿按数字顺序向前跳（注意不要踩到房子的墙壁）

游戏玩法

找花式跳房子

单脚跳房子 单数跳房子 双数跳房子

找脚印跳房子

幼儿取脚印粘贴在房子里，尝试按照脚印的方向完成跳房子，并适时进行调整。

幼儿分成2组，完成不同难度的脚和脚印重合向前跳。

4. 游戏建议

孩子自己粘贴脚印完成不同难度的脚和脚印重合跳是重点和难点。在跳房子的游戏过程中，教师要关注幼儿的活动量，如果活动量太大要及时通过引导幼儿观察、讨论游戏过程中的表现等方式适时地进行调整。

第三节　教学参考

设计主题

大班运动活动 《炸碉堡》

设计者

李晓宇 重庆市万州区龙驹中心幼儿园

指导教师

熊　壮 重庆市万州区龙都幼儿园

范春芳 重庆市万州区龙都幼儿园

活动目标

1.能投掷 4 米及以上的距离，有一定的灵活性和协调性。

2.具有克服困难、勇于完成任务的良好品质。

活动准备

1.场地布置（附后）

2.玉米芯人手一个

3.若干轮胎、小旗子、音乐

活动重点

练习单手肩上挥臂投物的动作，锻炼手臂力量。

活动难点

掌握投掷的方向和路线。

活动过程

一、开始部分

教师扮演指挥员，幼儿扮演解放军，进行队列队形练习和热身运动（人手一个玉米芯）。

1. 学"小小解放军"出场（见场地设置1）

引导语：小朋友们，国庆节在家看阅兵式没有？看到了谁？好厉害的解放军叔叔，那今天我们也来当当小小解放军，展示我们的力量和威风，好吗？

2. 教师带领幼儿沿着场地随音乐向前踏步走，通过躲避教师手中"炸弹"（玉米芯）的互动游戏，做踏步走、弯腰走、屈膝走、匍匐前进、小跑、横着跑、跳跃等动作，同时熟悉场地和路线。

3. 到达终点，幼儿各选一个位置站定，自然分成两组，模拟侦查（转体）、持枪射击（上下左右前后）、装弹、开炮、躲闪等动作，训练单手投掷包含的基本动作和基本部位。

【情景化的游戏激发了幼儿的兴趣，热身运动中将投掷的关键动作进行分解设计，充分打开幼儿身体的同时，熟悉活动的场地和路线，为后面的活动做好铺垫。】

二、基本部分

（一）出示目标，巩固基本动作

小小解放军们，刚才接到上级的命令，要我们去执行一项特殊任务——炸碉堡，你们愿意吗？

1. 引导幼儿想办法。

"炸弹"怎样才能炸掉敌人的碉堡呢？交流投掷的方法。

2. 出示目标，引导幼儿向远处投掷。

提前请助教老师在接近4米处放置一条绳子，要求幼儿投过绳子，得到捡回炸弹的命令后5秒时间捡回，并绕过旁边的轮胎。每轮游戏可尝试三次。

3. 小结经验，并请成功的幼儿分享经验和示范，教师再次强调关键经验：侧身转体，手用力向前方投掷。

【明确的目标，关键经验的强化，让幼儿对单手肩上挥臂投掷的基本动作更易掌握；快速绕过旁边轮胎并跑回来的游戏设计，缓解投掷活动的单一枯燥，让幼儿身体各部位充分动起来。】

（二）搭建"碉堡"，练习投掷方向和路线

1. 请两组幼儿分别用轮胎搭建"碉堡"。

2. 向"碉堡"投掷，观察幼儿投掷情况，请个别幼儿示范，教师引导幼儿观察投掷的方向和路线。

总结经验：炸弹要炸掉"碉堡"，不仅需要投远，而且还要有高度和明确方向。（左手指向斜前方，右手往斜前方扔）

3. 幼儿再次尝试，教师观察幼儿训练情况，帮助幼儿梳理投掷方法，并表扬和鼓励幼儿。

【利用路线上的轮胎，幼儿自主搭建"碉堡"，一方面充分调动幼儿游戏兴趣，另一方面充分运动幼儿身体的各部位。"碉堡"的一定高度，适时解决幼儿投掷中低投、投不远的问题，通过同伴间的互助和交流，教师积极引导幼儿观察投掷的方向一定要向斜前方抛出，在一次又一次"炸一定高度的碉堡"游戏中，幼儿能较快地掌握要领，获得成就感。】

（三）竞赛游戏——抢占军营，巩固练习

1. 设置不同远近的敌方军营点，请幼儿用轮胎搭建。（见场地设置2）

（1）助教老师提前设置不同远近的军营点。（4米、4.5米、5米、6米）

（2）教师介绍游戏规则。

小小解放军们，敌人已经开始撤退，他们分成了4队，在离我们很远的地方，我们的侦察兵把他们的"军营地图"带给我们了，我们的任务就是抢占敌人的"军营"，谁炸毁了"敌方军营"就能得到该地的旗子，比一比哪队得到的军旗多。

2. 将幼儿分成4队，每队合作用轮胎按照"敌方军营图"在相应位置（助教提前布置的点）设置"敌方军营"，助教老师将旗子放置在轮胎上。

3. 分组进行比赛2次～3次，幼儿自己选择不同远近的"敌方军营"，投掷"炸弹"，当投中"军营"或者超过"军营"，就取下一支小军旗。

4. 每组汇报旗子总数，教师宣布结果，表扬投得又远又准的小朋友。

5. 教师小结，并宣布挑战任务圆满成功。

【竞争性的游戏性质，进一步激发了幼儿参与的积极性，而不同远近的目标，为幼儿增加了挑战和难度，在一次次往"更远的目标"投掷的尝试中，幼儿不断巩固新经验，同时获得挑

战胜利后的成就感。】

三、放松运动

1. 教师小结，总结经验。

2. 借助玉米芯做放松练习，引导幼儿变废为宝的环保意识。

教师：小小解放军们，今天，你们不仅学习了投掷的新本领，而且高质量地完成了任务，指挥官为你们点赞！小小玉米芯，不仅是我们消灭敌人的武器，也是我们完成任务的好帮手，我们带着它一起放松一下吧。

3. 收拾器械，结束活动。

附场地设置1：

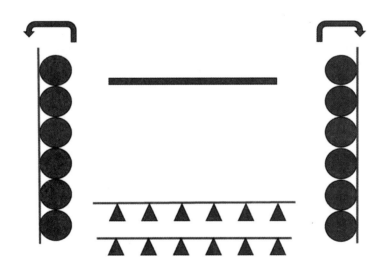

附场地设置2：

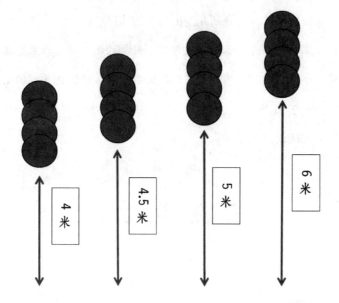

第三部分 百变木材

——乡土材料之"木头"

在乡村，房前屋后总能看见堆积的一些毫不起眼的旧木头，很多人都不会在意，而幼儿教师们则将这些旧的木头收集起来"变废为宝"，成为孩子们运动游戏中的常见器材。

第一节　材料加工

一、木桩

材料选择：挑选粗细合适的木料 3 根 ~ 4 根。

工具准备：电锯、直角尺、砂纸、明漆。

加工步骤：

1. **切割**。电锯将木料分段，选取直径约 10 厘米 ~ 15 厘米，高 10 厘米 ~ 20 厘米的木桩（30 节）。

2. **打磨**。将锯断后的木桩用砂纸打磨。

3. **加工**。刷明漆，晾干即可。

二、木板

材料选择：挑选适合的木料 2 根。

工具准备：电锯、直角尺、线刨、砂纸、明漆。

加工步骤：

1. **切割**。用电锯将木料分成长约 120 厘米的段，然后用电锯分成宽 20 厘米和 15 厘米的木板，选取合适的木板各 2 块。

2. **打磨**。将木板用线刨来回刮，砂纸再进行打磨。

3. **加工**。刷明漆，晾干即可。

三、木梯

材料选择：挑选适合的长约 216 厘米的方木料 2 块，长约 183 厘米的方木料 2 块，不要有大的结疤和裂纹。长约 120 厘米的圆木料 4 根。

工具准备：线刨、电锯、直角尺、砂纸、明漆。

加工步骤：

1. **切分**。用线刨将方木料刨净后，分成两等份的方木料，木直梯两侧的边梁长分别为

216 厘米、183 厘米，选取合适的方木板 8 块。

2. **切割**。用电锯把圆木料分成长约 30 厘米，选取合适的圆木块 16 根。

3. **组合**。把这些圆木料，用圆木榫镶嵌在方木料上。

注意：216 厘米的直梯第一层高 43 厘米，中间层高 30 厘米。画好后，再制作踏板。踏板规格为：长 30 厘米、直径 5 厘米，长方木料两端切制成圆形小孔，圆形端钻一个稍大于 6 厘米的圆孔。

183 厘米的直梯第一层高 33 厘米，中间层高 25 厘米。画好后，再制作踏板。踏板规格为：长 30 厘米、直径 5 厘米，长方木料两端切制圆形小孔，圆形端钻一个稍大于 6 厘米的圆孔。

4. **打磨**。将木梯用线刨来回刮，砂纸再进行打磨。

5. **测试**。测试合格后，就可以刷上明漆，晾干即可。

备注：制作木梯的尺寸可根据幼儿年龄特点和游戏需要进行调节。

第二节　游戏设计

一、游戏一　玩转木桩

1. 适宜年龄段：3 ~ 6岁

2. 游戏目标

（1）能在合适高度和宽度的平稳木桩上双脚站立数秒并行走一段距离。（具体要求见下表）

年龄段	木桩大小	站立方式	站立时长	行走距离及要求
3岁~4岁	高10厘米~15厘米 宽25厘米~30厘米	双脚	3秒~5秒	1米~1.5米
4岁~5岁	高10厘米~20厘米 宽25厘米~30厘米	单双脚交替	3秒~8秒	1.5米~2米，有一定间距，并运载物体
5岁~6岁	高、宽各异	单双脚交替	5秒~10秒	有一定间距，排列成各种线路的木桩，并运载物体

（2）4岁~6岁幼儿能在合适高度及宽度的木桩上，两脚交替跳上跳下和双脚并拢跳上、跳下，发展腿部肌肉力量、跳跃以及身体平衡能力。

（3）5岁~6岁幼儿能在一定间距及高度的木桩上协调、平稳地行走，双脚并拢跳上、跳下或双脚并拢跳过障碍物。

（4）在玩木桩游戏中，能做到情绪稳定、乐观开朗，并愿意与同伴交往合作。

（5）敢于挑战不同难度的木桩，做到勇敢、不怕困难。

3. 游戏玩法

游戏玩法

站、走木桩（适合3岁~6岁幼儿）

（1）每人面前有一个合适尺寸的平稳木桩，根据教师的示范，双脚、单脚站上木桩，通过数数保持平衡一定时间。不同水平的孩子尝试在木桩上做木桩有氧操等。

游戏玩法

（2）绕木桩走。可矮人走、高人走、快走、慢走等。

（3）幼儿平稳地从木桩上沿着连接成有一定距离的直线路线走过。

（4）幼儿平稳地从木桩上沿着连接成一定距离的多种形状的路线走过。（如S形，Z字形，不规则图形等。）

（5）走木桩运粮食。教师设置活动。如：帮助小动物运粮食等情境，手拿相应物品从木桩上走过。

跳木桩（适合4岁～6岁幼儿）

（1）双脚交替上下跳木桩（4岁～6岁）

（2）双脚并拢跳上、跳下木桩（4岁～6岁）

（3）双脚并拢在木桩上连续跳上、跳下（5岁～6岁）

（4）根据具体情况分组，跳木桩接力赛（5岁～6岁）

（5）双脚并拢跳过木桩（5岁～6岁）

4.游戏建议

（1)此游戏的重点主要是不同方式的站、走、跳木桩,锻炼腿部肌肉力量和身体的平衡能力。

（2)站、走木桩可根据儿童的年龄特点和实际水平调整木桩的高度、宽度,木桩的间隔距离,站立的时间,单双脚站的方式,走的速度快慢等。

（3）教师在组织跳木桩活动时，要注意木桩的高度及平稳性，以保证孩子的安全。

（4）设置游戏情境，切忌单一训练。

二、游戏二　好玩的木块

1.适宜年龄段：4岁～6岁

2.游戏目标

（1）根据木块组合能有序地进行障碍跑、跳；能手膝着地匍匐爬行运载木块。

（2）能在较热或较冷的户外环境中连续活动半小时左右。

（3）遵守竞赛性游戏规则，具有公平竞争的行为意识。

3. 游戏玩法

游戏玩法
躲避警报器 　　将木块当警报器按一定间隔距离摆放成一条直线或其他路线，幼儿从木块间隔间呈S形跑过，不能触碰警报器，若碰到，回原位重新开始游戏。可以单个比赛，也可接力赛。
越过地雷区 　　将木块排列成高矮不同的地雷区，幼儿可以双脚并拢连续跳过障碍物或者跨跳过地雷区均可，不能触碰地雷，若碰到，回原位重新开始游戏。也可以加上辅助材料丰富运动形式。
穿越封锁线 　　手拿木块（炸药），手脚着地匍匐爬行通过封锁线，举起炸药，击中目标。

4. 游戏建议

（1）利用木块的高度、宽度、间隔距离等多种组合，开展不同年龄的跑、跳、爬、投掷、负重载物等活动，尽可能开发一物多用的功能。

（2）大胆与其他辅助物或其他动作相结合，开展组合运动项目。

（3）木块游戏比较枯燥，利用情节开展游戏可收到事半功倍的效果。

三、游戏三　木梯乐翻天

1. 适宜年龄段：5 岁 ~ 6 岁

2. 游戏目标

（1）在木梯与垫子组合中，提供钻、爬、抓握及双手抓杠交替前行的机会，发展孩子大肌肉动作以及身体的协调性、灵活性。

（2）在运动中学会观察、尝试、反思，并能及时调整。

（3）挑战不同难度的跳跃，体验用木梯做游戏的快乐。

3. 游戏玩法

游戏玩法

听口令，做动作

将楼梯纵向摆放在宽阔的场地，幼儿根据教师的手势及口令围绕楼梯做相应的动作。

并脚跳

（1）按照木梯格子单格跳。

幼儿根据楼梯每阶的间隔，并脚向前跳。

（2）按照木梯格子间隔跳。（增加难度）

幼儿根据楼梯每阶的间隔，并脚跳间隔跳。

（3）沿着木梯外围左右跳。

幼儿沿着木梯外围进行左右并脚跳。

分脚跳

（1）根据木梯格子左右分脚跳。

（2）增加难度，根据木梯格子分脚跳。

并脚、分脚交替跳

（1）单人并脚从楼梯的一端跳到另一端，再分脚沿楼梯两侧跳回起点。

（2）双人手牵手合作从楼梯的一端跳到另一端，再分脚沿楼梯两侧跳回起点。

手脚并用向前爬行

（1）将垫子按阶梯式放在楼梯两端搭成桥，幼儿从起点手脚并用向前爬行。

游戏玩法

（2）增加垫子高度，幼儿挑战从起点手脚并用向前爬行。

手脚并用向上爬行，再向下退爬

将垫子放在宽阔的场地，在垫子两边架上楼梯，幼儿手脚并用从楼梯向上爬行，爬过垫子，再从另一侧楼梯上面向下退爬。

挑战不同难度的钻、手脚并用攀爬、手脚抓握行进

在垫子两边架上楼梯，幼儿手脚并用从楼梯向上爬行，爬过垫子，再从另一侧楼梯上面向下退爬。接着用垫子和木梯搭成桥，幼儿从桥下双手抓杠交替前行。再用垫子和木梯搭成矮桥，幼儿从桥下爬过，跑回起点。

4. 游戏建议

（1）木梯跳这组游戏重点是发展孩子各种跳的能力以及听口令反应动作的运动思维。

（2）连续行进跳木梯间隔时，注意幼儿安全。

（3）可将各类跳拍成照片贴于运动场地，孩子选择喜欢的方式或者定期按照孩子的发展水平，循序渐进地更换跳的不同方式。

（4）木梯与垫子的搭建组合，发展孩子手膝着地钻爬、手脚并用攀爬、手脚抓握向前行进等大肌肉动作，教师还可以自己创造不同搭建组合，注意搭建的安全性与合理性。

（5）有条件的幼儿园可以借助粗大的树干依势而建固定爬梯。

四、游戏四　百变木桌

1. 适宜年龄段：4岁～6岁

2. 游戏目标

（1）能以匍匐、膝盖悬空等多种方式钻爬；能以手脚并用的方式攀越。

（2）在活动中有初步的自我保护意识。

（3）敢于挑战，不怕困难，体验成功的喜悦。

3. 游戏玩法

游戏玩法
匍匐爬
将3张桌子连接成一排，幼儿分别排成两列，听哨令出发，从桌子一端爬向另一端，再从边上返回，下一个孩子循环进行。
过桥乐
将3张桌子连接成一排当作桥，幼儿分别排成两列，听哨令出发，用自己的方式过桥、跟别人一样动作过桥、跟别人不一样动作过桥等。
过峡谷
将3张桌子连接成一排，并排同样2组，2组桌子中间形成一条过道成"峡谷"。用自己的方式通过峡谷、增加难度过峡谷（手挪动、脚不着地、手脚并用爬行过峡谷……）
跨小河
桌子横放，3张桌子间隔摆放成一组，孩子想办法跨过小河。桌子变换摆放位置，孩子跨过。
翻大山
多张桌子连接放一起，孩子用自己的方式翻过"大山"；手撑住，脚跨过；根据教师指令过大山。

4. 游戏建议

（1）此组游戏重点在于教师多思考桌子不同的摆放方式，开展走、跑、跨跳、钻、爬等多种方式运动活动，发展孩子的运动思维能力。

（2）桌子每个幼儿园都有，特别适合天气不好时，开展室内运动活动。

（3）孩子的座椅、大型玩具也可开展室内运动游戏活动。

第三节　教学参考

设计主题

大班运动活动《百变桌子》

设计者

陶凌燕 重庆市万州区幼师幼儿园

指导教师

何 蓉 重庆市万州区幼师幼儿园

邵 霞 重庆市万州区幼师幼儿园

设计意图

桌子是孩子在学习生活中常用的硬件物品，很多时候作用于孩子学习操作的平台，很少用于孩子健康活动的器材。而我园场地狭小，下雨天的户外活动场地很受局限，无法满足孩子的运动活动需要，桌子又是每个幼儿园都有的物品，不需特意制作，随手可用。怎样高效利用桌子，满足孩子不方便在室外的运动需求呢？我利用桌子的高度、宽度及不同组合摆放等多种方式，发现可以发展孩子走、跳、钻、攀爬等多种运动能力。百变桌子的健康活动就应运而生。

活动目标

1.根据桌子不同的摆放方式，幼儿能用走、跑、跨跳等多种方式通过障碍物，发展幼儿的运动能力以及反应能力。

2.幼儿能主动参与游戏，勇于尝试，体验合作，获得成功感与满足感。

活动过程

一、热身游戏：我说你做

将 4 张桌子一组，拼摆成长条形，摆两组（如图 1）。幼儿跟着老师在桌子的外围排列做热身活动。根据老师由易到难的指令做与桌子相关的肢体动作，重点活动身体的下肢肌肉、膝关节、踝关节。

图 1

1. 围着桌子走、跑

师：孩子们，今天我们一起和桌子玩游戏吧。跟着老师的口令围着桌子做动作：慢走——停——快走——慢跑——走——快跑——慢走……（教师注意走、跑的快、慢及节奏等）

2. 游戏：我说你做

师：靠着桌子坐下——双手放在桌子上——一只手在桌子上，一只手放地上——一只手放桌上，一只脚放桌上——双脚放在桌上，双手放在地上……教师根据孩子听到指令后的反应做语速的快慢调整以及动作的难易程度的变换。

二、基本活动：任务驱动，发展运动能力

（一）按照指令要求过高桥

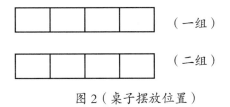

图 2（桌子摆放位置）

1. 教师手指到前面用桌子并列摆成两排的"高桥"。抛出任务：如何用不一样的动作通过高桥。

2. 幼儿尝试用不同的方式过桥，教师随机指导。（幼儿：从桌上走过、爬过、四肢交替向前爬行，身体翻滚过桥……）

3. 新的要求：女生先过桥，男生模仿女生动作过桥，仔细观察，动作、表情要一模一样。教师根据模仿情况及时个别和集体指导。

4. 女生模仿男生过桥。要求同 3。

5. 男女 2 人合作过桥。要求：不管什么动作，手不能松开。从上桥、下桥、回位要求手都不能松开。

6. 全部男生一组、女生一组多人合作手牵手过桥。

教师小结：很多时候，当我们两个人或者更多人做一件事情就需要我们互相配合。什么是互相配合？是我等等你，你等等我，不能只顾自己，只顾自己有时候团队其他人步伐不一致会受伤。人越多，越需要相互配合。比如：等一等，看一看，帮一帮，拉一把。

（二）根据指令难度反应过峡谷

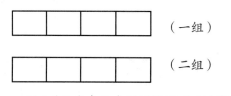

图 3（注意桌子中间的间距不宜过宽）

1. 教师手指到两排桌子拼摆后中间呈现的一条小小的"峡谷"。抛出任务：用你自己的方式通过峡谷，然后回位置。

2. 幼儿用自己的方式鱼贯式地通过峡谷，教师适时指导。幼儿通过方式：走过，双手双脚踩"峡谷"边缘爬行通过，侧身向前走过，平支撑"峡谷"边缘通过……

3. 过峡谷后，请从前面一人的反方向回位置。

教师根据孩子回位置的错误反应适时提醒幼儿回位时的方向要求，幼儿不断修正自己的动作反应。

4. 过峡谷后，可以增加摸一摸老师的鼻子、耳朵、膝盖等动作后再从前面一人的反方向回位置。

教师小结：过峡谷时，最有趣的是我开始换不同的动作指令时，你们有少数人上当了，后来我换更难的，你们都能正确判断方向并正确做出动作。为你们的机智反应鼓掌。

（三）根据桌子摆放的不同方式挑战过小河

1.把桌子倒放成"小河"。抛出任务：怎样跨过"小河"，不能让自己掉进河里。

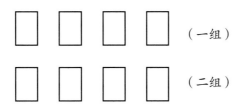

（一组）

（二组）

图4（4张桌子倒过来后横放，中间有一定间距，男女各一组。）

2.幼儿利用自己的方式跨过"小河"，教师适时观察指导。

3.只能踩"小河"边缘过河，不能掉进河里。

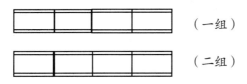

（一组）

（二组）

图5（4张桌子倒放后连接在一起）

4.将4张倒放的桌子一边相连，摆成之字形，幼儿分两组用自己的方式过"小河"（桌子摆放如图6）

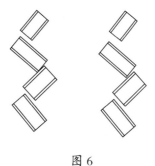

图6

5.一组桌子保持图4摆放，另一组桌子增加难度，前三张桌子倒过来连接摆放，最后一张桌子侧立放，有一定的高度。（桌子摆放如图7）

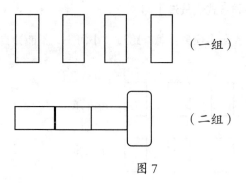

（一组）

（二组）

图 7

师：你们面前有两条小河，你可以选择适合你自己难度的小河去过河，也可以挑战一下自己去过更难的那条河。

幼儿自由选择过小河，教师观察指导。

教师总结： 孩子们积极动脑，勇于挑战，用各种方式成功过小河，你们都是最棒的。

（三）多重指令下翻山越岭

图 8

1. 幼儿面向桌子站成一横排。抛出任务：怎样翻过面前这座山？

2. 幼儿尝试，教师观察并针对性提出要求。

3. 教师由慢到快、单一到多个发出指令，幼儿迅速做出反应。

●根据指令，翻山越岭——上面过去，下面回来。

●根据指令，翻山越岭——上面过去，下面回来；上面过去，旁边回来。

●根据指令，翻山越岭——上面过去，下面回来，上面过去，下面回来，上面过去，下面回来，上面过去，旁边回来。

教师小结： 老师这么快的语速、这么多的动作语言，你们居然都能挑战成功，真为你们感到骄傲。

三、放松活动：身心放松

1. 跟着我一起深呼吸，吸气——吐气——吸气——吐气……

2. 坐在桌子的边上，两个孩子轮流给对方捶腿。

3. 两个小朋友背对背，抱膝坐，自由捶腿。

活动反思：

本次活动的亮点：从选材来看，桌子随处可见、便于操作、实用性强，符合"乡土材料在幼儿园运动游戏中的开发与应用"重点选材要求，特别适合在雨天开展此类材料的室内运动游戏活动，便于其他狭窄园所以及运动材料缺乏的农村园所推广使用。其二，活动的重难点在于两个"巧"字。一个"巧"是巧利用桌子不同的摆放方式，灵活地开展走、跑、跨跳、钻等运动活动，有效地挖掘了桌子的多种玩法；第二个"巧"是巧设计由易到难、由单一到多个的语言指令发展孩子的运动反应思维能力。其三，活动设计科学完整，组织过程循序渐进，善于观察调整教学策略。幼儿积极参与、灵活动脑、气氛活跃、勇于挑战，孩子获得喜悦感和成功感。

本次活动的不足：一是桌子的不同摆放方式是本次活动的亮点，同时也有不足之处，在于教师要不断调整桌子的摆放位置，需要多人协助，显得有点拖泥带水。建议在班级中按周次或者月份调整桌子的摆放方式或者在后期大班孩子可以自己调整摆放方式。二是为了想加入座椅的多种玩法，内容稍显过多，每个环节也没有得以拓展。

第四部分 沙子变变变

——乡土材料之"沙子"

  一位国培学员在讲述儿时记忆中，这样说：小时候，特别好玩的是邻居家的几堆沙子，这些沙子在阳光的照耀下，闪闪发光，就像一颗颗小小的金子，非常美丽。抓起一把沙子，感觉好细好细，好像在为我挠痒痒；脚踩下去有时沙子没到小腿，有时留下小小的脚印……快乐童年，快乐记忆！而如今成为幼儿教师的我，怎样让这份快乐的记忆延续呢？

  她和她的小伙伴们是这样做的——

第一节　材料加工

一、沙包

材料选择：挑选粗沙子 45 斤。

工具准备：废旧布料、针、线、剪刀。

加工步骤：

1. 缝袋。用麻布缝成小口袋，将沙子装在布袋里面，再用针线将其缝合（沙袋大小分为：0.5 斤 10 袋，1 斤 20 袋，2 斤 10 袋。

2. 标记。制作完成后将沙袋标上重量（××斤）。

二、保龄球

材料选择：挑选矿泉水瓶 24 个，沙子若干。

工具准备：即时贴、刻度尺。

加工步骤：用刻度尺量好刻度，用即时贴贴好，将沙子装到刻度后拧紧瓶盖。

第二节 游戏设计

一、游戏一 运沙包

1. 适宜年龄段： 3 岁 ~ 4 岁

2. 游戏目标

（1）能快跑 15 米左右。

（2）能在较热或较冷的户外环境中活动。

（3）有规则意识，能听口令做动作。

3. 游戏玩法

游戏玩法

面对面运沙包

　　两组幼儿面对面站好并有一定距离，在中间位置放沙包数袋，听老师的口令，一次取一个沙包返回放到篮子里，下一个幼儿继续。相同时间看谁取的沙包最多。

注： ▶ 代表幼儿 　 ● 代表沙包

抢运沙包

　　将幼儿分为 4 组，在规定时间内，每组幼儿从起点出发，到规定地点抢运回沙包，拿得最多的组取得胜利。

4. 游戏建议

游戏时注意孩子的活动量，及时增减衣服。

二、游戏二 抛接沙包

1. 适宜年龄段：4 岁 ~ 5 岁

2. 游戏目标

（1）能单手将沙包向前投掷 4 米左右。

（2）体验与同伴合作游戏的快乐。

3. 游戏玩法

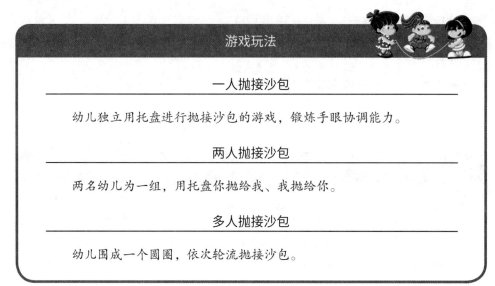

游戏玩法
一人抛接沙包
幼儿独立用托盘进行抛接沙包的游戏，锻炼手眼协调能力。
两人抛接沙包
两名幼儿为一组，用托盘你抛给我、我抛给你。
多人抛接沙包
幼儿围成一个圆圈，依次轮流抛接沙包。

4. 游戏建议

两人以上玩抛接沙包的游戏时教师要指导幼儿对抛接沙包的玩法进行讨论，达成共识后游戏方可顺利进行。

三、游戏三 好玩的沙包

1. 适宜年龄段：4 岁 ~ 5 岁

2. 游戏目标

（1）能快跑 20 米左右。

（2）尝试用头顶、腿夹等多种方式玩沙包。

（3）体验游戏竞技带来的快乐。

3.游戏玩法

游戏玩法

头顶沙包

幼儿分成 4 组，站在起跑线上，听老师的口令，用头顶着沙包从起点往终点奔跑。

腿夹沙包

幼儿听老师口令，用腿夹着沙包从起点跳到终点。

4.游戏建议

建议孩子选择适合自己重量的沙包。在游戏过程中如果沙包掉地上了，儿童需要回到起点重新开始游戏。

四、游戏四　保龄球旅行记

1.适宜年龄段：5 岁 ~ 6 岁

2.游戏目标

（1）能单手将沙包向前投掷 5 米左右。

（2）感知合作的快乐，喜欢参与运动游戏。

（3）遵守规则，有公平竞争的意识和行为。

3.游戏方法

游戏玩法

保龄球去旅行

幼儿分成 4 组站在起跑线处，每人手里拿着 1 个保龄球，听见老师口令后快速跑到终点将保龄球稳稳地放在指定的位置上，原路返回。

游戏玩法

沙袋打保龄球

幼儿分成4组，每个孩子一个沙袋，用沙袋击打对面的保龄球，全部击倒且用时最短的获胜。

保龄球回家

幼儿分成两组，两两一起用自己的办法将保龄球运送回指定的地方，最先运送完的一组获胜。

4. 游戏建议

游戏时教师要引导幼儿发现保龄球的特点（轻、容易倒），动脑筋选择适合自己的方式开展游戏，争取在游戏中取得胜利。

第三节　教学参考

设计主题

大班运动活动《堡垒大作战》

设计者

张　钎　重庆市万州区武陵中心幼儿园

指导教师

罗海燕　重庆市万州区幼师幼儿园

秦龙春　重庆市万州区幼师幼儿园

设计意图

"扔沙包"是孩子们非常喜爱的游戏之一，在这个游戏的基础上，为更好地发展幼儿运动协调能力、身体控制能力、观察能力，培养幼儿的发散思维、竞争意识，我设计了"堡垒大作战"的运动游戏。在活动中力求多关注幼儿的兴趣、经验和表现，引导幼儿不断地调整、尝试。只有动态地推进游戏，幼儿才会越来越喜欢运动游戏，运动游戏才会真正促进幼儿发展。

活动目标

1. 能单手将沙包向前投掷 5 米左右。

2. 锻炼运动协调能力、身体控制能力、观察能力，最终达到运动与思维同步发展。

3. 在运动中通过观察、尝试、反思、调整，体验运动游戏的乐趣。

活动准备

沙包若干、6 个塑料瓶子、轮胎若干（可用桌子代替）、音乐

活动过程

一、热身活动：情景引入，激发兴趣

（一）谈话导入

师：教师做出打枪的动作并提问。（老师这个是什么动作？）

幼：打枪的动作。

师：那什么人才会打枪。

幼：士兵、警察。

师：好，那么今天你们就是士兵，我就是队长，士兵要听谁的指挥？

幼：队长。

师：那么队长今天要带着士兵来玩一个游戏，游戏的名字叫作"堡垒大作战"，想不想玩？现在队长要看看哪一个士兵站得最好（立正）。现在队长带着士兵慢跑四圈，在跑的过程中士兵不要掉队。（跑完步分两排站好）

（二）热身活动

1. 随音乐走走走，跑跑跑，踢腿，转圈，弯腰……

2. 请幼儿从轮胎一端走到另一端。

二、基本活动：体验游戏，练习投掷

（一）出示沙包，学习投掷

师：出示沙包并提问。（这是什么？）

幼：沙包（或其他回答）。

师：今天它变身成为了我们"堡垒大作战"的"手雷"，我们就要用手雷来攻打敌人。

1. 分发沙包

现在队长请第一排的士兵去拿"手雷"，在我数完 5 个数的时候第一排的士兵必须每个人拿一个"手雷"。第一排拿完第二排拿。

2. 练习投掷"手雷"

师：把你们手中的"手雷"高高举起让我看到每个士兵手中都有武器，你们知道怎么投掷"手雷"吗？

师：拿起你们手中的手雷和我一起做（教师示范幼儿跟着做）。

师：好，所有士兵拿好手中的"手雷"，现在我们前面有一排敌人（塑料瓶子摆成一排），我们要用手中的"手雷"攻击他们，能不能完成任务？

师：交代注意事项：a. 第二排的士兵在投掷手雷的时候不能打到第一排的士兵。b. 投掷完"手雷"后没有听到队长的口令不要去捡"手雷"。

教师小结孩子们的投掷情况，要求小朋友在数5个数之内补充弹药（捡沙包）反复练习投掷。

（二）投掷升级

请小朋友去设置障碍升级游戏：搬三张桌子摆成一排，建筑一个堡垒。要求幼儿把"手雷"投到桌子以外，反复几遍，最后教师小结幼儿游戏情况。

（三）分组进行实战

师：我们现在分成两个小队进行对战，但是我们现在只有一个堡垒，怎么办？所以我们需要再搭建一个堡垒。现在我请士兵们用最快的速度再去搬三张桌子在对面搭建一个堡垒。

把幼儿分成两个小组进行对战，鼓励幼儿变立定投掷为跑动中投掷，可以交换场地反复游戏，教师在每次对战结束后进行小结。

三、放松活动：合作放松、愉悦身心

幼儿随意选择位置，深呼吸，以洗澡的方式动作进行放松，渐渐舒缓运动节奏和情绪，做搓手、搓背、搓腰、揉腿等四组肌肉放松动作。

活动反思

本次活动较好地达到了预期设定的活动目标。幼儿在活动中通过投掷沙包，不仅发展了自身的投掷能力、控制能力和协调能力，也让多元智力与科学运动的结合在本次活动中得到充分体现。比如在幼儿自主设计、堆放堡垒的环节符合"生活即教育"的思想，每一个孩子都积极、主动、愉快地参与其中，有效地激发了幼儿的创造力，通过摆放——试投——调整——再试投，更让孩子们的跳跃、观察、协调以及自省能力得到训练和发展。

1. 投掷是一个基本动作，在活动中，使劲儿克服了单纯的动作技能练习，克服上肢运动中运动量、运动密度得不到保证的缺陷，提高幼儿投掷的兴趣，把单一的动作练习变得有趣味。

2. 在第一次玩时，"敌人"是静止不动的，由于幼儿是在有角色、有情节的游戏中进行投掷活动，他们不会感到活动是枯燥的。

3. 第二次玩时，在"敌人"前面设计有障碍物，增加了游戏内容，变立定投掷为跑动中投掷，大大增加了活动的难度。这样做，既调动了幼儿投掷兴趣，又使投掷活动中的运动量、运动强度等得到了保证，提高了锻炼的实效性。幼儿在多种感官的参与下，进行有趣地主动活动，使学习、游戏生活化，从而让幼儿在活动中主动、整体地发展，运动游戏活动成为培养儿童兴趣、发展动作、表达情感、开拓创新的过程。

在本次活动中，有一个值得我深思的问题：在组织教学活动过程中，我还不够自信，组织活动时还不能做到"收放自如"，因为怕"收"不回来，所以语言表达一直处于高声、大声的状态，还需通过更深入的专业理论学习和专业能力锤炼来提升教学语言、教学组织的艺术性。

设计主题

中班运动活动 《小小营救员》

设计者

龚 勤 重庆市万州区电报路幼儿园

活动目标

1. 能单手将沙包向前投掷 4 米左右。

2. 喜欢参与运动游戏。

3. 敢于挑战，在活动中体验乐趣。

活动准备

1. 物质准备

沙包若干、圆圈若干、小动物玩偶若干、手绘怪兽画两幅。

2. 经验准备

幼儿接触过沙包，知道沙包的多种玩法。

活动重难点

重点：练习投掷沙包发展上肢力量。

难点：能瞄准投掷不同高低大小的物品。

活动过程

一、热身准备

教师引导幼儿做热身运动，模仿小动物（小鸟、小兔子……）

二、尝试玩沙包

1. 幼儿自取沙包，尝试玩耍，并展示沙包不同玩法。

2. 教师观察指导，提醒幼儿注意安全。

三、导入情境，宣布任务

1. 故事导入情境：森林里的小动物被怪兽抓走了，村长大象伯伯想请小朋友们去营救小动物，你们愿意吗？

2. 营救小动物我们要学习运用沙包，掌握了技能才能打败怪兽。

四、练习"单手投掷"，任务由易到难

1. 将沙包扔过"山洞"。

2. 膝盖夹紧沙包跳过圆圈桥。

3. 在规定位置投掷沙包打倒怪兽。

4. 在规定位置打倒小门。

五、拯救小动物行动

让幼儿分成两队，依次出发闯关拯救小动物。

六、放松活动

送小动物回家，在路途中做放松手臂、放松腿等活动。

活动延伸

将材料投放到区角，户外活动时幼儿可继续锻炼投掷能力。

教学反思

优点：

1. 投掷是一个基本动作，在活动中我克服了单纯的动作技能练习，克服上肢运动中运动量、运动密度得不到保证的缺陷，提高幼儿投掷的兴趣，把单一的动作练习变得有趣味。

2. 设计障碍物，增加了游戏内容，大大增加了活动的难度。这样做，既调动了幼儿投掷兴趣，又让投掷活动中的运动量、运动强度得到了保证，提高了锻炼的实效性。使幼儿在多种感官的参与下，进行有趣的主动活动，使学习、游戏生活化，从而使幼儿在活动中主动、整体地

发展，使户外体育游戏活动成为培养儿童兴趣、发展动作、表达情感、开拓创新的过程。

不足：

1. 对投掷的基本动作研究不够，本次投掷活动的科学性、合理性还有待改进。

2. 活动难度的设置未考虑个体差异性，个别幼儿难以完成闯关任务。

3. 活动运用的材料复杂烦琐，应思考如何去繁求简，让活动成为一节真正的常态课。

设计主题

大班运动活动 《好玩的沙包》

设计者

王 艳 重庆市万州区黄柏中心小学

活动目标

1.单手将沙包向前投掷 5 米左右。

2.在游戏中学会双腿夹物跳及准确投掷的技能。

3.能大胆参与游戏，体验游戏的快乐。

活动准备

1.音乐、教学扩音器。

2.沙包若干、两条运动跑道。

3.场地布置：用粉笔画好投掷区域。

活动重点

学会双腿夹物跳

活动难点

学会准确投掷的技能

活动过程

一、开始部分：游戏导入，激发兴趣

1.扮演"解放军"角色，跑步热身。

2. 出示沙包，认识沙包。

师：看这是什么？沙包里面装着什么？沙包有些什么形状？

小结：沙包里面装着沙子，有很多形状，也有多种玩法。

二、基本部分：多种游戏，学习双腿夹物跳和投掷的技能

1. 玩沙包。

（1）自由探索玩沙包。

师：沙包可以怎么玩？

幼儿自由探索玩沙包。

（2）幼儿尝试不同玩法。

师：刚刚你是怎样玩沙包的？谁展示一下，玩给大家看看？谁的玩法和他不一样？

小结：沙包可以顶在头上，可以用腿夹着跳，还可以投掷出去……有好多好多玩法。你们真是爱动脑筋的"小解放军"。

2. 游戏学习双腿夹物跳。

（1）教师示范运"粮食"（双腿夹物跳）。

师：前线缺少粮食，这沙包就是他们的"粮食"，敌人查得严，我们将"粮食"夹在腿上，双腿夹紧，双脚并拢同时起跳。跳过敌人的排查路线，就能把粮食安全送到。

（2）幼儿学习运"粮食"（双腿夹物跳）。

①幼儿第一次尝试。

②教师再次讲解、示范。

③集体运"粮食"。

小结：感谢"小解放军"们，为前线运了这么多"粮食"。你们真棒！

3. 游戏学习投掷技能。

（1）教师示范投掷"炸弹"。

师："小解放军"们，前面发现了敌人的一座碉堡。怎么办？怎么炸掉它？沙包就是我们的"炸弹"。我们拿着"炸弹"，脚在白线外面，不能太近，会被敌人发现。两脚开立比肩宽，左肩对着正前方，瞄准。"炸弹"抗肩上，挥臂扔出去。

（2）利用儿歌带领幼儿学习投掷。

师：两脚开立比肩宽，左肩对着正前方，瞄准。"炸弹"扛肩上，挥臂扔出去。

（3）游戏巩固，练习投掷技能2次。

小结：敌人的碉堡被我们的炸弹消灭了。"小解放军"们，你们真是太厉害了，掌声送给我们自己。

三、结束部分：整理玩具，放松身体

1. 引导幼儿收拾整理玩具，培养幼儿的劳动能力。

请"小解放军"们将"炸弹"送回我们的"仓库"里。

2. 放松身体，结束活动。

太累了，我们一起放松一下。（播放音乐）

深呼吸，捶捶肩膀，拍拍手臂，拍拍大腿，拍拍小腿，深呼吸。

小结：小朋友们今天扮演了解放军，帮助前线安全运"粮食"，还炸掉了敌人的碉堡，你们真是智慧勇敢的好孩子。希望你们在以后的生活中，用你们的智慧和勇敢多多地帮助身边的人。

教学反思

一、反思活动准备

物质上的准备：优盘歌曲《跑步音乐》《放松音乐》、教学扩音器、两篮沙包、两条运动跑道、投掷区域（要准备一条白线和一个椭圆形区域）。这些东西准备起来比较容易，在活动室内画跑道线和投掷区域的时候，没有准备直尺，画起来有些不标准。下一次组织活动前要仔细地准备。

教师的准备：教师对活动内容和活动环节比较熟悉。由于借班上课，教师对幼儿的体育活动能力和活动常规不够了解。

二、反思活动目标

本次活动目标的设定符合大班幼儿的年龄特点。游戏内容的设定，孩子们特别感兴趣，有参与活动的积极性。孩子们循序渐进地掌握了活动目标中设定的双腿夹物跳，以及准确投掷的

技能。

三、反思活动过程

在本次活动中，教师通过开始部分导入活动，基本部分展开活动，结束部分收拾整理玩具放松身体。教师情绪饱满，幼儿对游戏特别感兴趣，一直都积极参与活动。

在"运粮食"这个游戏中，全部幼儿都会双腿夹沙包跳，沙包没有掉下来。说明在这个游戏中，幼儿对双腿夹物跳这个动作已经掌握。由于是扮演"小解放军"，大部分幼儿能够用"小解放军"的标准要求自己，严肃纪律，跟着老师坚持完成每一次挑战任务。

孩子们对"炸碉堡"这个游戏特别感兴趣，老师事先将投掷沙包的动作编成儿歌，孩子们运用起来动作比较规范。在这次活动中，孩子们特别开心。在每次投掷结束后，都自发地捡起自己的武器"炸弹"进行第二次投掷。整个活动轻松地完成了活动目标，整个活动环节清晰，幼儿运动时比较有秩序。

四、反思活动效果

本次活动教师情绪饱满，幼儿对游戏特别感兴趣，一直都积极参与活动。幼儿比较圆满地完成了活动目标，学会了双腿夹物跳和准确投掷的动作，而且对运动活动投入了较大的热情。由于是借班上课，教师活动前对该班孩子的运动能力以及体育活动的常规了解得不够细致。在活动中，个别幼儿的规则性较差，有个别幼儿注意力不够集中。

第五部分 尼龙口袋大变身

——乡土材料之"尼龙口袋"

尼龙口袋，曾经作为一个时代的产物，虽逐渐淡出我们的视野，但因其较高的强度和耐磨性与实用性，仍然活跃在许多乡镇和工厂。国培班学员用他们的智慧，将这种普通易见的乡土材料有效利用，充分挖掘其教育价值和作用，他们敢想敢尝试，做到一物多玩、废物利用、科学环保，让教育回归生活、回归自然……

第一节　材料加工

一、彩虹伞

材料选择：收集适合的尼龙口袋，将口袋清洗干净。

工具准备：剪刀、针、线、颜料、排刷。

加工步骤：将尼龙口袋剪裁成 6 个大小一样的三角形，将三角形组合成长方形或圆形缝合起来，并在长方形四条边或圆外形沿合适的位置缝上手环，将 6 个三角形涂上 6 种颜色，晾干即可。

二、袋鼠跳袋

材料选择：挑选适合的尼龙口袋，将口袋清洗干净。

工具准备：针、线、剪刀。

加工步骤：直径 50 厘米，高 70 厘米，袋口左右两边缝上直径约 5 厘米的手柄做成跳袋。

三、尼龙绳

材料选择：挑选适合的尼龙口袋，将口袋清洗干净。

工具准备：剪刀。

加工步骤：将尼龙口袋抽线摊开，用剪刀剪成宽约 5 厘米的长条，然后编成尼龙绳总长约 5 米。

四、抛接器

材料选择：挑选适合的竹条、尼龙口袋。

工具准备：针、线、剪刀、细麻绳。

加工步骤：

1. 竹圈。用竹条绑成直径约 50 厘米的圆圈，用麻绳固定。

2. 组合。先把尼龙口袋剪成直径约 38 厘米的圆形，再将口袋剪成宽 5 厘米、长 7 厘米的尼龙条，缝在尼龙圆形和竹条圈上，做成抛接器。

五、尼龙球

材料选择：挑选适合的尼龙口袋，清洗干净。

工具准备：报纸、剪刀、透明胶布。

加工步骤：把尼龙口袋剪成边长 35 厘米左右的正方形，中间放入一张揉成团的报纸，然后用透明胶布缠绕。

第二节　游戏设计

一、游戏一　袋鼠跳跳乐

1. 适宜年龄段：4 岁 ~ 5 岁

2. 游戏目标

（1）练习行进跳，发展动作的协调能力，提高身体控制能力。

（2）体验参与袋鼠跳游戏的快乐。

3. 游戏玩法

游戏玩法
越过障碍物
（1）将尼龙口袋摆成障碍物，幼儿模仿袋鼠跳，双脚并拢，膝盖稍微弯曲，向前跳，并尝试挑战不同难度的布袋障碍（尼龙口袋横向摆放、尼龙口袋纵向摆放、尼龙口袋两两并列摆放）。 （2）幼儿分成两组，两人一小组进行游戏，从起点处跳向终点，再从终点跳向起点，要求幼儿在不踩到袋子的情况下，有节奏熟练平稳地向前跳跃。
袋鼠跳
幼儿双脚套进布袋，双手拉紧袋子使袋子拉直，有节奏地双脚并跳绕过障碍物，平稳快速绕过障碍到达终点。

4. 游戏建议

由于游戏过程中设置的跳跃障碍难度对于每一个幼儿来说存在个体差异，因此教师要注意观察幼儿的已有经验和发展水平，适时跟进，指导幼儿通过下蹲、摆臂、助跳等辅助动作提高跳跃障碍物的能力。

幼儿在开展袋鼠跳的游戏时，由于双脚必须装在口袋里，非常考验幼儿身体的协调与平衡能力,稍不注意就容易跌倒,因此教师在游戏过程中要特别提醒幼儿保持身体的平衡,防止跌倒。

二、游戏二 快乐抖一抖

1.适宜年龄段: 4 岁 ~ 5 岁

2.游戏目标

(1)能够听口令、有节奏地抖动彩虹伞，做出站、蹲等相应动作。

(2)尝试彩虹伞的不同玩法，体验游戏的乐趣。

3.游戏玩法

游戏玩法
网小鱼
幼儿分成两组，一组手拿彩虹伞围着站成一圈当渔网，另一组当小鱼。教师发出口令，幼儿一起抖动彩虹伞，形成波浪，小鱼在彩虹伞中游走，当教师发出蹲下的指令时，网住小鱼，进行下一轮游戏。
趣味海洋球
幼儿手拉住彩虹伞手环，中间放海洋球。游戏开始，拉手环的小朋友有节奏地抖动彩虹伞，形成由小到大的海浪，直到把所有的海洋球抖出去。

4.游戏建议

彩虹伞游戏需要几名幼儿合作完成，因此教师在游戏过程中，要引导幼儿听口令、有节奏地做动作才可以保证游戏的正常进行。

三、游戏三 玩转一根绳

1.适宜年龄段: 5 岁 ~ 6 岁

2.游戏目标

(1)能连续跳绳。

（2）探索绳子的不同玩法，有一定的想象力和创造力。

（3）体育品德：乐意参与多种玩绳游戏，感受与同伴合作玩绳的乐趣。

3. 游戏玩法

> **游戏玩法**
>
> **自由玩**
>
> 探索一个人玩绳的方法，然后探索两个人玩绳的方法，最后可以探索很多人玩绳的方法，每当幼儿想出一种玩的方法时，可以与同伴分享玩法。
>
> **走小路**
>
> 两根绳拉成相隔一定距离的平行线当成小路，幼儿在中间走，踩绳、出绳为犯规。
>
> **走钢丝**
>
> 把绳子拉成一条线或者S形，幼儿踩绳前进。在前进的路程上，幼儿不能掉下去或者摔倒，否则视为失败。
>
> **过封锁线**
>
> 把绳子拉成一定高度的障碍，幼儿进行助跑跨跳。在跨跳的过程中不能碰到绳子，否则视为失败。

4. 游戏建议

为了让玩绳游戏的过程充满快乐，游戏情境的设置非常重要。如：创设"学做解放军"的游戏情境，通过制作秘密武器（自由玩绳）、侦查敌情（走小路）、过地雷区（走钢丝）、过封锁线等一系列游戏情境玩转一根绳。另外游戏过程中，幼儿对规则的正确理解有利于游戏的正常开展。

（四）游戏四 你抛我接

1.适宜年龄段：5 岁 ~ 6 岁

2.游戏目标

（1）能单手将球向前投掷 5 米左右。

（2）听指令做动作，尝试快速抛接球，掌握玩"抛接球"的基本方法。

（3）遵守两人合作游戏规则。

3.游戏玩法

游戏玩法
你抛我接
幼儿两个人一组，一人手拿抛接盘，一人手拿球。一人扔球，一人用抛接盘接住球。调查抛球速度，尝试快速抛接球的方法。
抛接球
幼儿两个人一组，两个幼儿都手拿抛接盘，一名幼儿用抛接盘向对方扔球，另一名幼儿用抛接盘接住对方扔的球。连续进行。

4.游戏建议

　　抛接球游戏是幼儿两人一组的合作游戏，游戏过程中两名幼儿对游戏的规则和玩法必须达成共识，游戏方可进行下去，因此教师一定要引导幼儿在游戏开展的过程中进行讨论、协商。如：谁先抛球、谁先接球、抛球的位置和距离如何选择等。

第三节　教学参考

设计主题

中班运动活动《口袋跳跳乐》

设计者

万冰鹭　重庆市万州区走马中心幼儿园

指导教师

吴　琼　重庆市幼儿师范高等专科学校

吴登艳　重庆市万州区幼师幼儿园

设计意图

尼龙口袋，对于乡村的幼儿园来说，随处可见。它取材方便，容易收集，富有浓浓的乡土特色且材料简单，可塑性强。

在日常教学活动中，我观察到中班幼儿的跳跃能力发展很快，而且他们喜欢玩与跳跃有关的游戏，但幼儿采用立定跳远的方法跨越障碍时，存在摆臂和蹬腿动作不协调，双脚落地不能很好地屈膝缓冲保持平衡的问题。在《重庆市幼儿园3岁~6岁幼儿体育教育活动目标体系》中指出："4岁~5岁儿童会双脚连续跳过一定高度、一定距离的多个物体，能立定跳远（距离在40厘米以上）"，为了完成目标，设计了本次活动，让幼儿在游戏情境中学习摆臂助跳，发展跳跃能力。

活动目标

1. 能立定跳过40厘米的障碍。

2. 愿意参与立定跳的活动。

3. 体验挑战的乐趣。

活动过程

一、情境导入，以行进、跑、跳、蹲、走的形式热身

1.情境导入：袋鼠妈妈在寻找食物的时候被一个坏人抓走了，我们要去救他。如果任务完成，每个人都可以得到一块勇士徽章。你们愿意帮助她吗？但在去救袋鼠妈妈之前，我们要先一起来学本领。好，小朋友们，我们拿上武器，出发！

2.师幼热身活动：扛着武器（跑）下起了雨（手举着跑）好像有人（举枪半蹲走）前方遇到了山洞（蹲着走）开着火车（小跳）嘟嘟嘟。再开着火车（小跑）。

两组整理队形：手举过头顶（踏步），双手举高，双手撑地（反复）。双手向前，打开距离（前后左右转一转）。放下。跳过障碍。

3.集合向后转，口哨整队。

二、本领练习，逐一增加难度，反复进行并腿跳练习

1.并脚跳过障碍

——现在我们来学习第一个本领。双脚并拢跳过障碍从两边回来。

2.打开布袋横放

——第一个本领很容易，现在学习第二个本领。请每个小朋友找一个袋子，然后把它打开。打开之后站回来。现在我们的障碍加宽了。但还是用刚刚的方法双脚并拢跳过障碍来试一试。

3.布袋竖放

——我发现这个也难不倒小朋友们。现在请每个小朋友找到你刚刚的那个袋子。然后把它竖着放。然后再站回来。现在难度加大了。我们依然双脚并拢向前跳。试一试能不能跳过去？（我发现有一个小朋友跳得特别棒，来我们看看他是怎么跳的。讲解立定跳远要点：预备时能自然屈膝，双臂后摆；起跳时双腿同时蹬伸跳起，两臂自然摆动，两脚同时落地，注意屈腿，身体稳定。）来试试我们刚刚学习的方法。

4.袋子拼拼乐

——小朋友们已经学会了前三个本领。现在是终极挑战。前方的障碍变得更宽了，但我相信用我们刚刚学习的方法，小朋友们是可以跳过去的。

三、拯救袋鼠妈妈，分层教学，观察了解幼儿发展

1.本领已经学完，现在前方有三条路，选择一条你可以跳过的路。你们有一次试跳的机会。现在开始选择。

路线一　　　　　路线二　　　　　路线三

2.试跳已经完成，如果你发现你选择的路太简单，你可以选择一条难一点儿的路。如果发现你选择的路太难，你也可以换一条路试试。跳过越难的路，最后救袋鼠妈妈时力量就越大。现在给小朋友们最后一次重新选择的机会。选择完毕，现在就是拯救袋鼠妈妈的时刻，双脚并拢跳过障碍到达安全区。拿一个武器等待所有小朋友到齐之后一起击中罩住袋鼠妈妈的网。

四、解救成功，放松运动

1.袋鼠妈妈获救，小朋友们一起欢呼，盖上徽章。（袋鼠妈妈蹲着被小朋友慢慢扶起来，然后发放徽章。）

2.小朋友们带上自己的"武器"放松活动。（能救出袋鼠妈妈，我们的秘密武器给了我们很大的帮助，我们一起带上它和袋鼠妈妈庆祝一下，双手抓着袋子上下挥舞。单手抓着袋子一边上下甩手，一边跳。把袋子放地上坐着捶捶腿，弹弹腿，先慢后快。起立挥舞袋子跳着离开，"跟着袋鼠妈妈一起回家吧。"）

第六部分　棕榈叶大作战

—— 乡土材料之"棕榈叶"

　　棕榈，又叫棕树，是属于棕榈科棕榈属的植物。这种树在农村很常见，房前屋后或是土埂上、山林里，都能见到它的身影。在乡下，包粽子、捆腊肉等都离不开棕榈叶。棕榈叶韧性好，能扭成绳，是农村常用的捆绑材料。小时候经常看到老人们把棕榈叶砍来做蒲扇，夏天老人们都有一把自己的蒲扇，比济公的蒲扇好多了，边沿还用布给缝上。孩童时候，经常砍棕榈叶来绑编辫子，把棕榈叶中间的"骨"去掉，撕成头发丝大小的细丝，然后编成辫子，乐此不疲。如今，它也可以成为一种原生态的教学资源。

第一节 材料加工

一、棕榈叶网

材料选择：挑选适合的棕榈叶 20 片～30 片。

工具准备：剪刀、绳子。

加工步骤：用剪刀把棕榈叶的枝干部分剪掉，用手把棕榈叶撕成条状，编成绳子制成网格状。棕榈叶网大小为 300 厘米 ×200 厘米，每个小网格约 50 厘米 ×50 厘米。接头部分用绳子进行固定。

二、棕榈叶短绳

材料选择：挑选适合的棕榈叶 2 片。

工具准备：剪刀、绳子。

加工步骤：用剪刀把棕榈叶的枝干部分剪掉，用手把棕榈叶撕成条状，编成短绳 4 根，绳长 80 厘米，接头部分用绳子进行固定。

三、棕榈叶长绳

材料选择：挑选适合的棕榈叶 3 片。

工具准备：剪刀、绳子。

加工步骤：用剪刀把棕榈叶的枝干部分剪掉，用手把棕榈叶撕成条状，编成长绳 1 根，绳长 500 cm，接头部分用绳子进行固定。

四、棕榈叶圈

材料选择：挑选适合的棕榈叶 2 片。

工具准备：剪刀、绳子、打磨工具。

加工步骤：用剪刀把棕榈叶的枝干部分剪掉，用手把棕榈叶撕成条状，编成圆圈 4 个，圆圈直径约为 80 厘米，接头部分用绳子进行固定，然后进行打磨。

五、棕榈叶杆

材料选择：挑选适合的棕榈叶 4 片。

工具准备：剪刀、打磨工具。

加工步骤：用剪刀把棕榈叶的叶面部分去掉四分之三，留下枝干部分（约 60 厘米），扇叶部分（约 10 厘米），然后进行打磨。

六、棕榈叶球

材料选择：挑选适合的棕榈叶 4 片。

工具准备：剪刀、透明胶布。

加工步骤：用剪刀把棕榈叶的枝干部分去掉，留下叶面部分。将叶面部分揉成小球，并用透明胶布缠绕。

第二节　游戏设计

一、游戏一 跳格子

1. 适宜年龄段：3 岁～6 岁

2. 游戏目标

（1）尝试单双脚跳，有良好的身体平衡及协调能力。

3 岁～4 岁：能单双脚连续向前跳（2 米左右）。

4 岁～5 岁：能单双脚连续向前跳（5 米左右）。

5 岁～6 岁：能单双脚连续向前跳（8 米左右）。

（2）遵守游戏规则，体验游戏带来的快乐。

3. 游戏玩法

游戏玩法

（1）根据棕叶摆出的格子，幼儿分为两组，依次分腿跳完格子。

（2）根据棕叶摆出的格子，幼儿分为两组，依次单腿跳完格子。

（3）根据棕叶摆出的格子，幼儿分为两组，按交叉方式单脚跳格。

（4）根据棕叶摆出的格子，幼儿排成一组，依横格顺序依次跳格。

4. 游戏建议

（1）结合幼儿的年龄特点和实际水平，调整格子的距离，小班幼儿可停顿起跳。

（2）4 岁～6 岁幼儿，可适当增添图形、数字，多领域结合增加游戏难度及趣味性。

（3）鼓励不能完成的幼儿不怕困难大胆挑战自己，支持和引导他们从原有水平向更高水平发展。

二、游戏二 匍匐前进

1. 适宜年龄段：4 岁～6 岁

2. 游戏目标

（1）能用匍匐前进的动作进行游戏，知道匍匐前进时身体与腿平贴地面，不屈起。

4岁~5岁：能以匍匐前进的基本动作向前爬行。

5岁~6岁：能以匍匐前进的方式快速向前爬行。

（2）敢于挑战困难，体验获得成功的快乐。

3. 游戏玩法

游戏玩法

用棕榈长绳营造游戏情景，幼儿进行匍匐前进竞赛游戏。

4. 游戏建议

（1）此游戏重点是鼓励幼儿动作标准有序向前爬行，游戏中可适当提醒幼儿。

（2）结合幼儿发展水平，在掌握匍匐前进的基本动作要领后支持儿童创新性玩法。

（3）可适当设置游戏情境，增加游戏趣味性，不单一训练。

三、游戏三 两人三足

1. 适宜年龄段：4岁~6岁

2. 游戏目标

（1）能两两合作进行慢走、快走等活动，促进动作的协调性和灵活性。

4岁~5岁：能两两合作按节奏同步前进的方式慢走一段距离（20米左右）。

5岁~6岁：能两两合作按节奏同步前进的方式快走一段距离（25米左右）。

（2）在活动中能注意安全，懂得自我保护。

3. 游戏玩法

游戏玩法

（1）划好起点线和跑道，放好终点标志。

> **游戏玩法**
>
> （2）幼儿自由选择一个小伙伴，用棕叶圈把自己的右腿和另一名幼儿的左腿拴在一起。
>
> （3）听到口令后，幼儿两人一组手拉手同时从起点出发，沿跑道直接走向终点。

4. 游戏建议

（1）提醒幼儿在参与游戏时注意安全，鼓励寻求身体的逐渐协调一致，才能合作完成任务。

（2）中、大班幼儿发展水平不一，可结合年龄特点逐步增加游戏难度，比如在途中设置障碍物。

（3）鼓励孩子相互协作创造出更多更好的游戏体验，比如多人多足。

四、游戏四　毛毛虫爬呀爬

1. 适宜年龄段：3岁～6岁

2. 游戏目标

（1）能沿着绳子俯、侧爬行。

3岁～4岁：能用自己的方式，爬行通过绳子。

4岁～5岁：能膝盖悬空的方式进行爬行。

5岁～6岁：能以手脚并用爬行的多种方式，快速通过绳子。

（2）遵守游戏规则，具有公平竞争的意识和行为。

3. 游戏玩法

> **游戏玩法**
>
> （1）将棕叶绳呈直线放于地面，幼儿手脚着地，俯身爬行通过绳子。
>
> （2）将棕叶绳呈直线放于地面，幼儿手脚着地，侧身爬行通过绳子。

游戏玩法

（3）将棕叶绳呈S形曲线放于地面，幼儿手脚着地俯身爬行通过绳子。

（4）将两条棕叶绳呈S形曲线放于地面，幼儿分组手脚着地俯身爬行，进行竞赛游戏。

4. 游戏建议

（1）针对幼儿年龄特点，小班可适当做些小头饰增加游戏的趣味性，中、大班则可通过小礼品的方式，激发幼儿对游戏的兴趣。

（2）场地设置时，选择平坦、软硬适中的场地较为合适。

（3）关注幼儿在活动中的出汗量，关注个别状态进行个别处理。

五、游戏五 套圈圈

1. 适宜年龄段：3岁～6岁

2. 游戏目标

（1）手眼协调，能按要求进行投掷。

3岁～4岁：能单手将圈套进2米左右的投准柱。

4岁～5岁：能单手将圈套进4米左右的投准柱。

5岁～6岁：能单手将圈套进5米左右的投准柱。

（2）敢于挑战自己，感受成功带来的乐趣。

3. 游戏玩法

游戏玩法

（1）幼儿分为两组，手拿棕叶圈站在标志线内。

（2）双脚不超出横线，对准前面的投准柱投扔。

（3）游戏结束，投准柱上圈多者为胜。

4. 游戏建议

（1）本游戏重点是通过套圈游戏，培养幼儿认真专注，敢于尝试的良好学习品质。

（2）根据不同年龄阶段的幼儿，设置不一样的套圈距离。

（3）鼓励不能投掷成功的幼儿不畏困难，大胆挑战自己，反复多次进行游戏。

六、游戏六 赶小猪

1. 适宜年龄段：3 岁 ~ 4 岁

2. 游戏目标

（1）用棕榈小扫帚将球赶到指定地点，保持身体平衡。

（2）能够努力完成任务，养成耐心、细心、不怕困难的品质。

3. 游戏玩法

游戏玩法

　　（1）幼儿手持小扫帚赶球，从场地的一端开始，边拨边行进到场地的另一端结束。

　　（2）幼儿可分成两组，进行竞赛类游戏。

4. 游戏建议

（1）结合小班年龄特点设置场地起点和终点的距离（15 米左右）

（2）球可以从开始的大球换成小球，逐渐增加难度。

（3）还可将游戏主题变得更生动有趣，比如"给小蚂蚁运粮"等。

七、游戏七 快乐玩球

1. 适宜年龄段：3 岁 ~ 6 岁

2. 游戏目标

（1）尝试多样玩球，投球、踢球、夹球走等，促进动作的协调性及灵活性。

3 岁 ~ 4 岁：尝试多样玩球，体验游戏带来的乐趣。

4岁~5岁：尝试多样玩球，训练儿童身体协调能力、肌肉力量及关节的柔韧性。

5岁~6岁：尝试在多样玩球的基础上，创新更多的玩球方式。

（2）体验和同伴合作游戏的快乐。

（3）能遵守比赛规则，具有公平竞争的意识和行为。

3. 游戏玩法

游戏玩法

球球投掷

（1）幼儿分成三组，手拿粽叶制作的球球。

（2）幼儿听口令一个接着一个将球投掷到篮子里（小班2米左右，中班4米左右，大班5米左右）。

（3）游戏结束，投进球多者为胜。

快乐踢球

（1）幼儿自由结伴，两人一组，相互踢球。

（2）踢球入门：幼儿分成几组，分别开展踢球入门（弓形门）游戏。看谁踢进门的次数最多。左右脚都可练习。

夹球行进

（1）幼儿两两合作，把球放于胸前。

（2）在胸前夹住向前侧行，行进过程中手不能碰球。

（3）以此方式接力游戏，将球送到目的地。

---

4. 游戏建议

（1）可增加球的数量，分组进行竞赛类游戏，激发幼儿对游戏的兴趣。

（2）结合幼儿年龄特点设置场地起点和终点的距离。

（3）提醒幼儿在踢球过程中，注意踢球技巧。

（4）游戏中关注幼儿的表现，讨论游戏时为什么球会掉落，寻求解决办法。

（5）强调规则，幼儿能遵守规则进行游戏。

（6）对配合默契的幼儿进行表扬、鼓励，游戏可反复进行。

第三节 教学参考

设计主题

大班运动活动《寻宝大作战》

设计者

王兴洪 重庆市万州区地宝中心幼儿园

指导教师

杨朝华 重庆市万州区上海飞士幼儿园

杨 玲 重庆市万州区上海飞士幼儿园

活动目标

1. 能够手脚并用爬行,有一定的协调性、灵敏性。

2. 探索四肢着地爬行的不同方法。

3. 积极主动参与体育游戏,敢于挑战并乐于向同伴学习。

活动准备

棕榈叶编制的绳 4 根,棕榈叶若干,积木若干,篮子 5 个。

活动过程

一、实物导入活动并热身准备

1. 师幼问好,激发参与活动的情绪

师:声音有多大就有多开心。

2. 出示棕榈叶,用身体中像棕榈叶的部位(手)热身。

师:小朋友们看,这是什么?请小朋友们看看我们的身体,哪一个部位像棕榈叶?

来，把你们的小手张到最大，变成小小棕榈叶。用我们的小小棕榈叶和客人老师们打个招呼吧。把我们的小手张得大大的和客人老师们击个掌（跑一圈），把我们的手举得高高的和老师们击掌（跑一圈），把我们的手放得低低的和老师们击掌（跑一圈）。跑完圈之后整队。

刚才跑得有点热了，我们来用小小棕榈叶给自己扇扇风吧，头有点热、脸有点热、肚子有点热、背也有点热（多练习几遍）、腿好热呀（多练习几遍）、脚心也好热呀（抬脚并多练习几遍）。

二、引导幼儿探索手脚并用爬行的各种方法，在反复练习中提高灵敏性和协调性。

1. 吹哨，整队，并交代任务：爬过绳子。

师：今天我们要去寻宝，但寻宝之前小朋友们要先学好爬的本领。看！这是老师用棕榈叶编制成的带刺的绳子，我们要爬过这根绳子，不能碰到绳子和绳子上的刺。想想可以怎么爬过去？

（请一个小朋友示范）老师再次示范，强调动作要领：双手双脚着地，膝盖微弯曲，左手右脚，右脚左手配合交替向前。

幼儿练习，老师讲规则：老师的哨声没有停，就一个一个接着练习。

2. 提高爬行速度。

老师巡回观察，并发现爬得较快的幼儿，提问：你怎么爬得这么快？（可以请幼儿示范，其他幼儿观察）老师总结出来：手脚配合交替更换的频率快一些就能爬得又快又稳。我们用他的方法来试一试，争取更快地爬过绳子。幼儿再次练习，老师鼓励幼儿尽量快一点。

师：速度能不能再快一点儿！比刚刚快多了。

3. 尝试更多的手脚着地爬行的方法。

刚才，我们是手脚着地向前爬过绳子的，还有不同的方法爬过绳子吗？

幼儿回答并示范后，全部练习。每个幼儿尝试练习一次就行。

引导幼儿尝试探索出：手脚着地向后爬行，手脚着地仰爬行，手脚着地侧身爬行等多种方法。

三、竞赛游戏：运宝，进一步巩固练习手脚着地爬。

1. 调整情绪

师：小朋友本领学得非常好，自己给自己鼓励鼓励！（哨声，整队成两列）

2. 分组游戏

（1）交代游戏规则

师：接下来我们要分组比赛运宝啦，红队和蓝队通过两道关（出示路线图并用手指示介绍怎么过关），到达宝库，取一个宝物后沿箭头方向回来，将宝物放在自己队的箱子里，然后排在队伍后面，等待下一次再出发。前一个小朋友到达红色标志线后，后一个小朋友才能出发。哨声响起就停止游戏。听明白了吗？一次取几个宝物？前一个小朋友到哪里后一个小朋友才能出发？哨声响了还可以运宝物吗？

（2）熟悉路线

师：现在请小朋友按照这个规则去熟悉一下路线。

幼儿熟悉完路线后，比赛正式开始。（时间不够就不用熟悉）

（3）幼儿游戏

师：都明白了，好，小朋友们，准备好了吗？游戏开始！（吹哨）幼儿游戏，助教和主教分别看一组。

时间到！（哨声起，稍微整队一下）哪一组运的宝物最多，我们一起来数一数。师幼一起数数并宣布数量多的组获胜。

四、放松活动，自由结束

师：今天我们的腿帮助我们获得了这么多宝藏，功劳可大了，我们来用小棕榈叶拍拍它、摸摸它、捏捏它。小朋友之间相互拍拍、抱抱，跟好朋友说：你很棒！我今天很开心，谢谢你今天陪我玩。今天的游戏好玩吗？你觉得棕榈叶还可以怎么玩？

第七部分　稻草乐

——乡土材料之"稻草"

春种一粒粟,秋收万颗子。金秋,乡村的田野里,一片片、一垄垄、一望无际金灿灿的稻谷让人心怡!秋收后,颗粒归仓,稻草遍地都是……心灵手巧的幼儿教师们将这些"稻草"变成了孩子们游戏的"宝"。

第一节　材料加工

一、草绳

材料选择：晾干的稻草若干。

加工步骤：用编鞭子的方法，手工将稻草编成长绳或短绳若干。

二、草圈

材料选择：挑选长绳 1 根。

工具准备：长绳、固体胶，剪刀。

加工步骤：用剪刀将长绳分成长约 20 厘米的小段，固定两端，形成草圈。

三、草垫

材料选择：挑选长绳 1 根。

工具准备：长绳、固体胶，剪刀。

加工步骤：用剪刀将长绳分成长约 60 厘米的小段，固定一端进行围绕，形成草垫。

四、草球

材料选择：挑选稻草绳 1 根。

工具准备：长绳、固体胶，剪刀。

加工步骤：用剪刀将长绳分成长约 60 厘米的小段，缠绕，固定形成草球。

第二节 游戏设计

一、游戏一 快乐套圈

1. 适宜年龄段：4 岁 ~ 6 岁

2. 游戏目标

（1）能利用手臂的力量，四肢协调进行游戏。

4 岁 ~ 5 岁：能快跑 20 米左右，套圈后回到起点。

5 岁 ~ 6 岁：能快跑 25 米左右，套圈后回到起点。

（2）感受套圈带来的快乐，愿意参与体育活动。

3. 游戏玩法

游戏玩法

（1）幼儿分为人数相等的三组，站在起点处。

（2）教师发出口令，每组第一位幼儿迅速跑到第一个草圈处，蹲下身，然后双手手心朝上握住圈，接着翻圈迅速从头顶套下，跑回和下一名幼儿击掌接力，哪组最快为胜。

（3）同上，增加草圈数量，继续游戏。

4. 游戏建议

（1）本游戏的重点在于锻炼幼儿反应能力及身体的协调性。

（2）提醒幼儿双手手心朝上握住草圈，翻圈从头顶上套下。

（3）熟悉游戏后，幼儿可分组进行竞赛游戏，两组小朋友需间隔适当位置，以免活动中发生碰撞。

二、游戏二 趣味草垫

1. 适宜年龄段：4 岁 ~ 6 岁

2. 游戏目标

（1）动作协调，能双脚交替向前行进游戏。

4岁~5岁：双脚替换游戏距离20米左右。

5岁~6岁：双脚替换游戏距离25米左右。

（2）喜欢参加体育游戏，感受竞赛游戏带来的快乐。

3. 游戏玩法

游戏玩法

替换乐

（1）幼儿分成男女两组，一手一个草垫放到脚下进行交替前行游戏。

（2）到达终点，绕过障碍物返回，下一名幼儿接力游戏。

飞起来

（1）幼儿分为两组，将飞盘向前抛，成功通过草绳。

（2）下一名幼儿接力游戏，哪组先顺利飞完为胜。

4. 游戏建议

（1）本游戏的重点在于锻炼幼儿身体平衡能力及手臂肌肉力量。

（2）提醒幼儿在交替前行游戏时，注意身体协调，避免摔伤。

（3）在游戏过程中，引导幼儿总结飞盘向前的经验，避免向上抛飞，不能顺利通过。

三、游戏三 花式玩球

1. 适宜年龄段：3岁~6岁

2. 游戏目标

（1）能掌握肩上挥臂投物的基本动作，对投掷有一定的目测力和准确度。

3岁~4岁：能单手向前投掷2米左右。

4岁~5岁：能单手向前投掷4米左右。

5岁～6岁：能单手向前投掷5米左右。

（2）学习各种方式运球向前行走，促进身体各部位协调发展。

（3）遵守游戏规则，具有公平竞争的意识和行为。

3. 游戏玩法

游戏玩法

投掷

（1）幼儿将一个有一定重量的稻草球，自由向远处投掷，激发游戏兴趣。

（2）在前方设置一个区域（敌方），幼儿向前投掷，成功击中目标。

运球接力赛

幼儿分成两组，进行运球接力赛。

（1）第一名小朋友两腿夹球跳到终点，绕过障碍物返回传给下一名幼儿接力。

（2）幼儿两两合作背靠背夹球运到终点篮子里，返回传给下一组幼儿接力。

（3）幼儿两两合作面对面用胸部夹球运到终点篮子里，返回传给下一组幼儿接力。

（4）幼儿两两合作头靠头夹球运到终点篮子里，返回传给下一组幼儿接力。

---

4. 游戏建议

（1）投掷的目标及玩法很多，教师可因地制宜，启发幼儿发挥想象，不断更新玩法。

（2）提醒幼儿遵守游戏规则，等待接力的幼儿不能越过起点接球。

（3）对配合默契的幼儿进行表扬、鼓励，游戏可分成不同小组反复进行。

四、游戏四 **多变草绳**

1. 适宜年龄段：3 岁～6 岁

2. 游戏目标

（1）能动作协调灵敏地躲避他人并保护自己；能连续跳绳。

3 岁～4 岁：分散跑时能躲避他人的碰撞。

4 岁～5 岁：能与他人玩追逐、躲闪跑的游戏。

5 岁～6 岁：能躲避他人，保护自己的尾巴。

（2）会助跑跨跳的方法，锻炼腿部肌肉力量。

4 岁～5 岁：能助跑跳过一定距离，或助跑跨跳过一定高度的物体。

5 岁～6 岁：能连续跳绳。

（3）养成敢于探究、乐于想象和创造的良好学习品质。

3. 游戏玩法

游戏玩法
抓尾巴
（1）幼儿分成男女两组，女生组抓男生组的尾巴，时间 2 分钟，抓住尾巴多者为胜。 （2）角色互换，再次进行游戏。
跳绳
（1）幼儿两人一组，手握草绳进行单人跳绳比赛，数量多者为胜。 （2）三人合作跳绳，可互换角色游戏。
跨越
（1）通过助跑，幼儿单人跨跳过 20 厘米左右高度的绳子。 （2）通过后返回到最后一名幼儿身后，接力进行游戏。

游戏玩法

开合跳

（1）幼儿五人一组，两位教师手拉绳子，进行开合变化，小朋友择机跳跃。

（2）教师加快速度，幼儿再次进行游戏。

4. 游戏建议

（1）本游戏重点在于通过幼儿躲闪跑及跳跃动作，锻炼其身体的灵活性及下肢力量。

（2）在抓尾巴游戏过程中提醒幼儿注意安全，避免和同伴相互碰撞。

（3）开合跳时，幼儿熟悉游戏后，可变换多种跳的方式。如侧跳、单脚跳等。

第三节 教学参考

设计主题

大班运动活动《小螃蟹练本领》

设计者

马 琳 重庆市万州区龙凤幼儿园

指导教师

熊炳燕 重庆市万州区天福幼儿园

李明星 重庆市万州区天福幼儿园

活动目标

1. 能用横向走、爬、翻滚等动作，锻炼肢体的协调能力。

2. 学习"横向移动"的多种动作，并拓展草垫的不同玩法。

3. 乐于参加游戏，坚持不懈练本领，体验成功的喜悦。

活动准备

草垫、口哨、图示（各环节）、起（终）点线、关卡旗帜、场地圆圈准备。

活动过程

一、热身运动

（一）以"螃蟹闯关赛"情境激发幼儿练本领

师：螃蟹宝宝们，森林里马上要组织一场螃蟹挑战赛，你们想不想参加呢？不过挑战赛需要选出本领最强的小螃蟹去参加，让我们一起练好本领再去参加吧！

（二）介绍并熟悉材料和场地

师：这是我们锻炼的器械——"大石头"，今天我们就要用大石头开始锻炼本领了。我们先到小池塘里面去活动活动身体吧。

（三）模仿螃蟹动作，调整呼吸，活动身体

1. 呼吸调整，闻花香，向老师们打招呼。

2. 小朋友反手拿垫子走，绕圈。

3. 把垫子摆成一个圆圈，绕圆圈横移走、横移跳。

4. 横移走动，双手向上拍手。

5. 幼儿站在垫子上双手绕圈。

二、基本活动

师：看来今天我们的小螃蟹都很活泼，接下来我们一起开始练本领吧！今天我们一共要练习三种本领，只有这三种本领练好了才能参加挑战赛。你们有信心吗？

在锻炼之前我还有一个小任务交给宝贝们（出示图示）。我这里呢有一幅地图，小螃蟹们需要根据地图摆放大石头才能够开始练习！

（一）螃蟹横向跑

师：现在练习第一项本领，我们都知道螃蟹是怎么走路的吗？（横着走）真棒！螃蟹们仔细看教练的动作哦。（教师示范动作）

要求：所有的动作都必须侧身完成；身体不能触碰到小石头。

玩法：听到口哨声后出发，脚尖对着草垫横移，到终点按箭头指示转弯横移回到起点（脚尖始终对着草垫、并且不能碰到草垫）。

小螃蟹们都是横着走的，并且没有碰到垫子，我宣布第一关所有的小螃蟹训练通过。

（二）螃蟹过河

（教师示范）

师：接下来我们练习第二项本领，螃蟹过河。我们先脚尖对着大石头站好，越过大石头将手撑在地面，向终点进行横移，移动过程中身体的任何部位都不能碰到大石头，到终点后站起来按箭头的指示侧身走回原位。

小螃蟹们都是横着过河，没有碰到垫子，特别棒，所以我宣布第二项本领学会啦！

（三）螃蟹空翻

师：刚刚我们已经成功的学会了两项本领，接下来我们迎来一场终极挑战——高难度的螃蟹空翻。先看教练做，仔细观察动作哦。

（四）幼儿探索器械新玩法

小螃蟹们，今天你们所有的训练都完成得很棒，得到了一项奖励，接下来你们有 5 分钟的时间可以自由地玩今天的新玩具——"大石头"。你可以自己一个人玩，也可以和小朋友一起玩。在玩"大石头"的时候注意身边的环境，不能伤害到其他老师和小朋友，也不能损坏其他物品。待会儿听到老师的口哨声你们就要马上回到现在的位置站成圆圈。能做到吗？

三、放松活动

小螃蟹们，今天所有的本领你们都学会了，为自己鼓鼓掌吧！今天我们出了很多汗，我们一起去池塘洗洗澡吧。

（一）调整呼吸

手拿草垫边吐泡泡边慢走成小池塘。

（二）小螃蟹游泳、晒太阳

幼儿躺在草垫上，蛙泳、自由泳等，翻个身晒晒肚皮，抖抖手、抖抖腿。

（结束指导语）小螃蟹们都洗干净了，现在跟着教练一起回家吧！按序摆放垫子。

设计主题

大班运动活动 《草藤大挑战》

设计者

邵江洪 重庆市万州区白土中心幼儿园

活动目标

1. 在草藤挑战游戏中能手眼协调，跑、跳、爬等综合能力得到发展。

2. 愿意与同伴合作游戏。

3. 能遵守《草藤大挑战》游戏中的规则。

活动准备

粗草藤一根、草藤网一张、草藤大圈 8 个、草藤小圈 16 个、轮胎 2 个；热身音乐《小叮当热身操》、放松音乐《虫儿飞》。

活动过程

一、热身运动

指导语：今天邵老师要带着你们一起来玩一个游戏，想不想玩？在做游戏之前先跟邵老师一起做一个热身运动。

二、出示粗草藤，教幼儿认识草藤

1. 今天邵老师带来了一样东西，你们看看有谁认识它？

这是邵老师从自己家乡的山里边带来的，它的名字叫什么？（草藤）

2. 那你们有谁知道草藤可以拿来怎么玩呢？

三、草藤大作战

（一）第一次挑战

1. 关卡及玩法

这个挑战一共有 5 个关卡。

关卡一：小朋友双手双脚着地，屁股翘起来，沿着草藤爬过去，注意身体不能碰到草藤，否则闯关失败。（请一个小朋友示范）

关卡二：小朋友们用脚跳过去，可以单脚跳也可以双脚跳，但想要闯关成功必须跳过每一个格子，否则闯关失败。（请一个小朋友示范）

关卡三：两个小朋友合作完成，两个小朋友一起取完旁边的草藤圈后，在草藤圈外用手拿着草藤圈往前跑，一起跑到关卡四的起点，跑的途中不能让草藤圈掉下来，否则闯关失败。（请两个小朋友示范）

关卡四：小朋友们拿旁边的小草藤圈用膝盖夹住往前跳到关卡五的起点，跳的途中不能让小草藤圈掉下来，否则闯关失败。（请一个小朋友示范）

关卡五：小朋友取下用膝盖夹住的小草藤圈扔进轮胎里，小草藤圈没有扔进轮胎里的表示闯关失败。（请一个小朋友示范）

2. 完成挑战

（1）小朋友们都清楚闯关规则了吗？那我们就开始挑战了，有没有信心闯关成功？

（2）第一次挑战之后分享经验。

小朋友都很好地完成了挑战，那现在老师问你们，你觉得哪个关卡最难，你是怎么闯关的，有什么小妙招跟大家分享一下。（请幼儿回答分享）

（二）第二次挑战（增加难度）

1. 关卡及玩法

关卡一：要求小朋友身体朝上，倒着通过绳子，同样要求身体不能碰到绳子。（请一个小朋友示范）

关卡二：小朋友们从我们的草藤网下面爬过去。老师要请四个小帮手来帮小朋友把网子拿起来，谁愿意来？（请一个小朋友示范）

关卡三：两个小朋友合作完成，一起取完旁边的草藤圈后，用手拿着草藤圈往前跑，一起跑到关卡四的起点，跑的途中不能让草藤圈掉下来，否则闯关失败。（请两个小朋友示范）

关卡四：两人合作完成，一个小朋友拿到旁边的小草藤圈，后与另外一个小朋友一起把脚放进小草藤圈中，两人三足一起跑到关卡五的起点，跑的途中不能让小草藤圈掉出来，否则闯关失败。（请两个小朋友示范）

关卡五：小朋友取下小草藤圈扔进轮胎里，小草藤圈没有扔进轮胎里的表示闯关失败。

2. 完成挑战

（1）小朋友们都清楚闯关规则了吗？那我们就开始挑战了，有没有信心闯关成功？

（2）第二次挑战之后分享经验。

小朋友都很好地完成了挑战，那现在老师问你们，你觉得哪个关卡最难，你是怎么闯关的，有什么小妙招跟大家分享一下。（请幼儿回答分享）

四、放松活动

小朋友都很棒地完成了草藤挑战，现在跟着邵老师一起来放松一下吧，想象自己是一只萤火虫，在夜空中飞呀、飞呀，慢慢地飞回家了。

五、活动延伸

该运动游戏可以运用到幼儿园早操活动的自由活动中，教师布置不同难度的游戏关卡供幼儿选择，不断增强幼儿的挑战意识，更好地发展幼儿手眼协调及跑、跳、爬等综合能力。

教学反思

本次活动是根据乡土材料"稻草"加工后的"草藤"而开展的一次运动游戏。在整个活动中最大的问题有三个：一是关卡太多，导致在活动组织的过程中幼儿不清楚规则，整个活动比较混乱；二是挑战增加的难度未做到循序渐进；三是材料利用不充分，整个材料只用在游戏过程中，可以根据实际情况将材料充分利用在热身运动和放松活动中。本次活动的成功之处在于选材，符合幼儿的年龄特点，幼儿对运动材料非常感兴趣。

第八部分 美丽的小花布

——乡土材料之"布"

一块块小小的废旧布料，在艺术家的手里，经过纯手工缝制，可以成为具有江南民族风格的装饰布艺玩偶，成为色彩绚丽的布艺风景画……而在幼儿教师的手里，却可以变成沙包、渔网、动物尾巴、降落伞……供孩子戏耍。

第一节　材料加工

一、溜溜布渔网

材料选择：大小不一的废旧花布若干。

工具准备：针线，剪刀。

加工步骤：将长3米、宽50厘米的长布打结形成渔网状，接口处用针线缝牢。

二、降落伞

材料选择：大小不一的废旧花布若干

工具准备：针线，剪刀。

加工步骤：将一块大的废旧花布料剪成一块圆形的布，或将一块块小的布料通过拼接变成大的圆形布。

三、动物尾巴

材料选择：大小不一的废旧花布及棉花若干。

工具准备：剪刀，针线。

加工步骤：

1. 将布剪成大约10厘米长、8厘米宽的长方形形状。

2. 在布上绘制各种动物的尾巴形状。

3. 两块布叠在一起剪成尾巴形状，塞进棉花，缝好。

四、布袋子

材料选择：大小不一的废旧花布若干。

工具准备：针线，剪刀。

加工步骤：将两块大约80厘米长，50厘米宽的布三边缝起来，留一边暂不缝牢。

五、沙包

材料选择：大小不一的废旧花布及细沙若干。

工具准备：针线，剪刀。

加工步骤：

1. 裁剪出不同规格的正方形布料。

2. 将六块相同的布缝成立方体，留一面暂不缝。

3. 将立方体内外翻面，将毛边翻到里面。

4. 装入适量沙子。

5. 封口，将沙包缝严实。

第二节　游戏设计

一、游戏一　捕鱼

1.适宜年龄段：3 岁 ~ 5 岁

2.游戏目标

（1）练习快跑、快躲闪，提高幼儿动作敏捷性。

3 岁 ~ 4 岁：分散跑时能躲避他人的碰撞。

4 岁 ~ 5 岁：能与他人玩追逐、躲闪跑的游戏。

（2）在游戏中情绪稳定，开朗大方。

（3）有初步的规则意识。

3.游戏玩法

游戏玩法
捕鱼（3岁~5岁）
四个小朋友或者两个小朋友将溜溜布拉成一张渔网，其他小朋友做小鱼，当网上面的鱼时，小鱼要尝试从渔网下钻过；当网下面的鱼时，小鱼要尝试从渔网上跳过。知道躲避危险，提高动作灵敏性。
大小波浪
幼儿分别站在长条溜溜布的两边，抓住布的边沿，一起上下抖动布，形成波浪（随音乐变化做大小波浪，引导幼儿有节奏地进行。）

4.游戏建议

（1）重点：发展追逐躲闪能力；难点：朝一个方向游，避免相互碰撞。

（2）为增加游戏的趣味性，可配以合适的音乐，音乐响起，小朋友做小鱼，在下面慢慢地游来游去，音乐停的时候，要迅速离开渔网，被捕到的小鱼暂停一次，下一次捕到小鱼的时候，前面的小鱼可以继续参加游戏。

（3）以上两个游戏可配合着同时进行，玩了"捕鱼"游戏，接着玩"大小波浪"游戏，作为放松活动的一部分。

二、游戏二 玩转彩虹伞（块布）

1. 适宜年龄段：3 岁 ~ 6 岁

2. 游戏目标

（1）通过有规律地抖动彩虹伞，锻炼手臂肌肉和手指小肌肉的力量；能以走、跑、钻、爬等方式玩彩虹伞游戏，动作协调灵活。

（2）乐于接受游戏任务，尝试与同伴团结合作。

3. 游戏玩法

游戏玩法

大风小风

蹲下来摇伞为小风，站起来摇伞为大风，跳着摇伞为大风。（让幼儿感受并熟悉彩虹伞的特征）

大面包

用双手抓稳彩虹伞的边，轻轻地把彩虹伞举起来，教师发口令，第一声口哨响的时候往上，第二声口哨响的时候就稳稳地把它压住。面包做好了，然后可以"吃面包"。女孩先吃，第二次男孩吃。

大灰狼来了

幼儿是可爱的小羊，抖动大伞转圈，老师（或保育教师）是一只凶恶的大灰狼，当听到"狼来了"的时候，幼儿要躲进大伞里保护自己，手脚都不能露在外面，一旦被"狼"抓到，"狼"会把它大口大口吃掉。听到"狼回家了"时，才能出来。老师示范一次，请 2 ~ 3 名幼儿扮演大

游戏玩法

灰狼玩2~3次。(附背景音乐：狼来了)

变房子

　　幼儿在彩虹伞的四周，把彩虹伞抻平，教师第一声口哨响的时候把伞举过头顶，第二声口哨响的时候转身盖房子，游戏进行两次。第一次要求小朋友把彩虹伞扣下，在彩虹伞里面蹲下坐在伞边，并不要让小朋友露出来，大灰狼来抓露出来的宝宝。第二次教师一起藏进去和幼儿一起把伞边往里拉(变房子)。

爱跳舞的海洋球

　　（1）把海洋球放在彩虹伞上，幼儿抬着彩虹伞边唱儿歌《拉个圆圈走走》边走动。

　　（2）幼儿在彩虹伞的四周进行游戏，听教师口令抖动彩虹伞，使彩虹伞上的海洋球跳动起来。

4. 游戏建议

（1）重点：锻炼手臂和手指的肌肉；难点：认识到团队的重要性。

（2）各个年龄段的孩子都可以玩"彩虹伞"的游戏，幼儿在活动中要时刻注意规则、安全。

（3）在转伞或抖动伞的时候，根据孩子的掌握情况，可由慢到快、由低到高交替进行。

三、游戏三 揪尾巴

1. 适宜年龄段： 3 岁 ~ 5 岁

2. 游戏目标

（1）在游戏中通过揪、撕、踩等动作，锻炼手眼协调、手脚协调等动作灵敏性。

（2）增强自我保护意识和保护同伴的安全意识。

3. 游戏玩法

游戏玩法

揪尾巴

老师画一个大圈在地上，幼儿人手一条尾巴，自己学会躲闪，尽量不让别人抓到自己的尾巴，自己想办法去抓别人的尾巴，并且不能走出圆圈，最后谁的尾巴还在谁就获胜。

踩尾巴

每人在身后扎一条"尾巴"，四散跑开，去踩对方的"尾巴"，同时也要保护自己的"尾巴"。被踩掉"尾巴"者退出游戏，最后"尾巴"没被踩掉者获胜。

4. 游戏建议

（1）系尾巴的绳子不能系得太紧，以免幼儿被拉倒；每次活动时间不宜过长，注意调节幼儿的运动量。

（2）揪尾巴是一项多人参与的群体游戏。此游戏气氛活跃，简单易懂，具有较强的可玩性。孩子们在四散奔跑、追逐、闪躲过程中不仅能让大脑处于快速运转思考状态，还能锻炼身体素质，有效锻炼心肺功能，体验到与伙伴共同游戏的快乐。在家庭里玩揪尾巴游戏还能增进亲子关系，提升亲子感情。

四、游戏四 布毯乐

1. 适宜年龄段： 3 岁 ~ 6 岁

2. 游戏目标

（1）练习双脚并拢行进跳跃，发展动作的协调性和灵活性。

3 岁 ~ 4 岁：能身体平稳地手脚着地连续向前爬行。

4 岁 ~ 5 岁：能助跑跨跳过一定距离。

5 岁 ~ 6 岁：能身体平稳地双脚并拢进行障碍跳。

（2）尝试合作游戏，感受与同伴合作游戏的快乐。

3. 游戏玩法

游戏玩法

袋鼠跳（5岁～6岁）

教师设置场地路线，鼓励幼儿把双脚放进布袋子里去，从起点跳到对面，再跳回起点获胜。

跨跳（4岁～5岁）

将布袋如图摆放，幼儿练习跨跳。

毛毛虫（3岁～岁）

幼儿把双脚放进布袋子里去，手脚着地，像毛毛虫一样向前爬行。

4. 游戏建议

（1）重点：双脚跳；难点：动作协调灵活地连续双脚跳。

（2）提醒幼儿在跳的过程中膝盖要稍微弯曲，身体前倾但不能倾得太厉害，避免摔倒。

（3）幼儿练习跨跳的布袋不要太大，先跳短边，然后可试着跳长边。

五、游戏五 **好玩的小布球**

1. 适宜年龄段：3 岁～ 6 岁

2. 游戏目标

（1）能单手将布球向前投掷一定的距离；能抛、接球，躲避滚过来或扔过来的球。

3 岁～ 4 岁：能单手将布球投掷 2 米左右；能双手向上抛球。

4 岁～ 5 岁：能单手将布球投掷 4 米左右；能连续自抛自接球。

5 岁～ 6 岁：能单手将布球投掷 5 米左右；能躲避他人或别人抛过来的球。

（2）遵守规则，有公平竞争的意识和行为。

3. 游戏玩法

游戏玩法

看谁扔得远（布球、沙包）

（1）老师设置障碍，小朋友进行双腿夹球向上跳的同时将布球抛出去，抛得远的获胜。（5岁～6岁）

（2）老师可以准备大小、重量不同的沙包，小朋友在玩耍的过程中比赛哪个扔得远。（3岁～6岁）

滚布球

（1）打保龄

目标处放置矿泉水空瓶（或其他物品代替），用单手或双手将球从起点处滚出并击倒水瓶。（5岁～6岁）

难易度：增加或减少击球的距离。

（2）赶小猪

用棍、棒(或其他物品代替)赶球向前滚动，到达指定的目标。(4岁～6岁）

难度提升：绕障碍赶小猪、赶小猪接力赛等。

投（传）布球

（1）投篮

玩法：用不同的投掷姿势将球投进篮筐，增加距离、改变角度提高难度。

延伸活动：设置大小不同的目标，在远近不同的距离中击中目标。老师可以根据幼儿园现有的物品设计游戏。如：打靶游戏、打怪物游戏等。

（2）打雪仗

玩法：将幼儿分成人数相等的两队（可多人），把场地分成相等的两块，中间画一条分界线（也可设一定高度的隔挡）。两队在规定的时间内相互投球，击中对方。

游戏玩法

放烟花（抛球）

幼儿人手一个小布球，通过单手、双手的方式向上抛球，看谁抛得高。所有小朋友同时向上抛出，像放烟花一样。

接球

（1）自抛自接球

幼儿变换高度向上抛球，并接住。

（2）接球练习

老师和幼儿保持一定的距离，老师向幼儿的前后左右抛球，幼儿移动（跑动）接球。

踢球

当足球踢。足球技术：踢、运、接等；射门游戏；模拟足球比赛。

袋鼠跳

在同一起跳线上，听到口令时所有小朋友进行双腿夹布球跳，一起向前跳向终点线，哪位幼儿在没有掉球的情况下先到达获胜。

手球比赛

可参考手球比赛规则。（小布球比较小、柔软，在比赛过程中很安全，用小布球来替代真手球，在幼儿园开展手球比赛活动非常适宜。）

抢球游戏

中间摆放小布球（比参与游戏幼儿人数少1个），小朋友围绕小布球绕圈跑，当听到老师"抢球"的口令或口哨声时，小朋友迅速去抢1个小布球，抢到小布球者获胜，没有抢到的则失败。

4. 游戏建议

（1）不同姿势投远投准：①双手胸前投掷；②双手头上投掷；③单手肩上投掷；④单手

低手投掷。

（2）向不同方向抛球：单（或双手）向上、向前、向后、向左、向右抛球。

（3）不同姿势接球：①双手接平球；②双手接高球；③双手接低球；④双手接地滚球。

（4）还可以利用布球玩一些综合性的游戏。

第三节　教学参考

设计主题

大班运动活动 《赛龙舟》

设计者

江　丽　重庆市万州区龙驹镇中心幼儿园

指导教师

杨晓英　重庆市万州区教师进修学院

活动目标

1. 尝试抱腰下蹲行走，锻炼手臂、腿部力量。

2. 体验团队协作的乐趣，有初步的竞争意识。

活动准备

材料准备：红旗1面，龙头头饰5个，制作花布条4条（3米～4米长）

场地布置：布置好河流，标志好起点和终点。

活动过程

一、开始部分——热身运动

（一）游戏一：风来了

玩法：幼儿呈一字队形排好，手持花布条在教师提示下形成风。提醒幼儿花布条不要拿得太高，高度齐下巴即可。

微风：幼儿持花布条做小幅度上下摆动。

大风：幼儿持花布条做大幅度上下摆动。

变化的风：幼儿持花布条做下蹲起立，集体左右移动。

提醒幼儿移动时不要踩到花布条，不要撞到身边的小伙伴。

（二）游戏二：划船

玩法：幼儿分成小组面朝同一个方向坐在花布条上，跟随教师口令一起做划船动作。

二、基本部分——龙舟乐

（一）游戏一：划龙舟（指向目标1）

1. 小组尝试，感知体验。幼儿自由结伴五人一组，后面的幼儿依次抱住前面幼儿的腰或者拉住衣服，蹲着向前走，让幼儿自己在玩中体验怎样使"龙舟"前进的技巧。

2. 分享交流，梳理总结。先请幼儿说一说刚才划龙舟玩得怎样，找出问题，例如：步调不一致，个别幼儿掉队；寻找解决办法：喊口令速度一致，先出同一只脚，有节奏地走。

3. 运用方法，再次实践。幼儿运用喊口令方法再次尝试划龙舟。

（二）游戏二：赛龙舟（指向目标2）

（教师指导语）小朋友们的龙舟划得很好，下面我们来进行龙舟赛，看哪条龙舟最先到达红旗处，就算胜利。

1. 五人一组赛龙舟。

2. 八人一组赛龙舟。

3. 十人一组赛龙舟。

三、结束部分——放松活动

用吹泡泡的游戏引导幼儿做吐气、伸展、软体下坠等放松动作。然后围坐成圆，做脚尖点头、脚尖碰碰等动作放松脚部。

活动建议

分组练习时每组最好选一个能力较强的孩子做龙头，发出开始的口令，有助于龙舟整齐协调向前进。口令应先让幼儿自己讨论，然后教师根据实际情况给出建议，如一起呼喊：左右左右，1212，等等。

第九部分　会动的簸箕

——乡土材料之"簸箕"

簸箕是一种农具，用来簸去稻米中的杂质和空壳，在农村也用来晾晒柿子、花生，等等，北方用柳编，南方用竹编。

簸箕是很普通的农家日常用品，幼儿教师们利用废旧的簸箕与其他器材结合，让簸箕在幼儿园运动游戏中"动起来"了。

第一节　材料加工

一、簸箕

材料选择：挑选适合的簸箕（8 个～ 10 个）。

工具准备：剪刀、布、热熔胶枪、胶棒。

加工步骤：用剪刀把蓝色花布裁成长条，用热熔胶枪把花布粘贴在簸箕边缘。

二、簸箕+沙包

材料选择：挑选适合的簸箕（4 个），沙包（20 个）。

工具准备：布、沙、针、线。

加工步骤：

1. 把碎布用剪刀剪成大小一样的正方形六块。先把四块正方形布的一边缝到一块正方形的四个边上，再把周围四块布的相邻两边缝起来。

2. 再把最后一块四边形的四个边缝到四方体空着的四个边上，缝最后一边时留下一半不缝。

3. 缝好的立方体从空隙出翻过来，从空隙处向沙包里填沙子，再把剩下的空隙处缝好。

三、簸箕+纸球

材料选择：挑选适合的簸箕（4 个），纸球（4 个）。

加工步骤：把一张旧报纸揉成纸球状。

四、簸箕+麻绳

材料选择：挑选适合的簸箕（4 个），麻绳（2 根）。

工具准备：剪刀、热熔胶枪、胶棒。

加工步骤：把 6 毫米粗的麻绳剪成 100 厘米长的麻绳两根，用热熔胶枪对麻绳的两端进行粘牢加固。

第二节　游戏设计

一、游戏一　跨越障碍

1. 适宜年龄段：4 岁 ~ 5 岁

2. 游戏目标

（1）能助跑跨跳过一定距离，或助跑跨跳过一定高度的物体。

（2）喜欢体育运动，体验克服困难取得胜利后的喜悦。

3. 游戏玩法

游戏玩法
（1）老师调整簸箕与簸箕之间的距离，让幼儿跑 S 形路。 （2）幼儿手膝着地，手脚分开向前爬，也可以倒着爬。 （3）让幼儿通过助跑，然后对簸箕进行跨跳。

4. 游戏建议

（1）重点：助跑跨跳；难点：连续跨跳。

（2）在活动前，教师先讲清规则，再开始游戏。提醒幼儿安全第一，注意自我保护。

（3）跨跳选择的簸箕大小以适宜幼儿的跨跳距离为宜。

二、游戏二　推小车

1. 适宜年龄段：5 岁 ~ 6 岁

2. 游戏目标

（1）能快跑 25 米左右。

（2）学会绕曲线推簸箕的技能，体验游戏的快乐

（3）遵守规则，具有公平竞争的意识和行为。

3. 游戏玩法

游戏玩法

推小车

（1）听指令才开始出发，灵活地绕曲线推小车。

（2）交换小车时要注意安全，减慢速度。

（3）指导幼儿绕曲线走时注意靠近线圈。

簸箕快跑

幼儿人手一个簸箕，幼儿用力向前滚动簸箕后放手，让簸箕借助惯性自行继续向前滚动，幼儿跟着自己的簸箕方向跑。

4. 游戏建议

（1）幼儿练习绕曲线推小车时，开始可跟地面的线条走，熟悉后可加障碍物，让幼儿绕障碍物推小车。

（2）游戏选用的簸箕大小要适宜，推簸箕过程中要提醒幼儿不要被簸箕绊倒。

（3）幼儿练习到一定的熟练程度可进行竞技性练习。

三、游戏三 运球

1. 适宜年龄段： 3岁～6岁

2. 游戏目标

（1）练习平衡能力；学会侧身走；发展动作的协调性。

（2）善于与同伴合作游戏。

3. 游戏玩法

游戏玩法

（1）幼儿端着装有球的小簸箕运球。在运送过程中尽量不要让球掉到地上。（3岁～4岁）

> **游戏玩法**
>
> （2）将幼儿分成4组，两两一起运球，运送途中球不能落地，哪一组先运完为胜。（4岁~6岁）

4. 游戏建议

（1）该游戏主要练习幼儿的平衡能力，运球过程中球不能落地。

（2）游戏前先练习侧身走，行进过程中提醒幼儿要步调一致。

四、游戏四　看谁投得准

1. 适宜年龄段：3岁~6岁

2. 游戏目标

（1）能单手将纸球向前投掷一定的距离。

3岁~4岁：能单手将纸球投掷2米左右。

4岁~5岁：能单手将纸球投掷4米左右。

5岁~6岁：能单手将纸球投掷5米左右。

（2）学习肩上挥臂投掷，初步尝试左右手交替将纸球向前上方投出。

（3）分组活动中会找空地练习，并能够遵守规则。

3. 游戏玩法

> **游戏玩法**
>
> 在地面上选一条横线站好，把"纸球"使劲投向簸箕圆靶，看谁投得准。

4. 游戏建议

（1）该游戏3岁~6岁的幼儿都可以玩，只是在设置投靶的距离时，根据幼儿的年龄特点设置相应的距离。

（2）幼儿先自由探索尝试投掷小球的动作和方法，然后教师示范肩上挥臂投掷的正确动作。

五、游戏五 滑板鞋

1. 适宜年龄段：5 岁 ~ 6 岁

2. 游戏目标

（1）学习单脚滑行技术；发展双下肢运动和协调能力。

（2）体验游戏的快乐，喜欢参加体育活动。

3. 游戏玩法

> 游戏玩法
>
> 　　（1）单脚放在簸箕的上面，另一只在地上，进行滑行，注意速度不能太快，以防摔倒。
> 　　（2）尝试两人一组滑行。

4. 游戏建议

（1）玩此游戏，所用簸箕不宜太大，活动场地地面比较光滑。

（2）簸箕大小与幼儿的脚的大小差距不大的话，可以尝试双脚滑行。

六、游戏六 提簸箕运东西

1. 适宜年龄段：3 岁 ~ 6 岁

2. 游戏目标

（1）能运送一定重量的物体，训练幼儿的上肢力量。

（2）活动中能遵守比赛规则，体验和同伴合作游戏的快乐。

3. 游戏玩法

> 游戏玩法
>
> 　　簸箕加上麻绳，分两组，双手提麻绳从起点出发，绕过障碍物，回到起点将麻绳簸箕交给下一个小朋友，游戏继续。

4. 游戏建议

（1）此游戏可 1 人玩，还可多人提簸箕运东西，培养幼儿的团结协作能力。

（2）运东西的重量可根据幼儿的年龄选择相应的重量。

七、游戏七　钻山洞

1. 适宜年龄段：4 岁 ~ 6 岁

2. 游戏目标

（1）能以匍匐、膝盖悬空等多种方式钻爬。

（2）能遵守比赛规则，体验和同伴合作游戏的快乐。

3. 游戏玩法

游戏玩法

　　老师提前布置好场景，用油桶和簸箕布置成一个洞，幼儿匍匐穿过山洞，不能碰到油桶或者簸箕。

4. 游戏建议

（1）该游戏重点是练习幼儿动作的协调性和灵敏性。

（2）可以选择两个比较大的簸箕直接搭成山洞。

第三节　　教学参考

设计主题

大班运动活动《簸箕动起来》

设计者

文　进　重庆市万州区郭村中心幼儿园

指导教师

王宁霞　重庆市万州区直属机关幼儿园

柯　艳　重庆市万州区直属机关幼儿园

设计意图

　　器械是幼儿园体育活动中必不可少的物质条件，体育活动的效果如何，与器械有着密切的联系。丰富可变的器械能够诱发幼儿进行体育活动的愿望和构想，并产生积极的行为。为此我选择了簸箕作为本次活动的器械，利用其可滚、可立、可叠、可跳、可背、可装运等特点，组织大班幼儿开展"簸箕动起来"体育游戏活动。让幼儿通过自主探索，发现簸箕的多种玩法，并在发展动作技能的基础上，提高合作能力，感受游戏的快乐。

活动目标

1. 能以匍匐、手脚并用等方式爬行。

2. 体验玩簸箕的乐趣，感受同伴合作的快乐。

3. 学会遵守游戏规则，敢于大胆主动尝试。

活动重点

利用身体不同部位带动簸箕前行，锻炼身体力量。

活动难点

两人配合，合作运簸箕，遵守游戏规则。

活动准备

簸箕每个幼儿 1 个、热身及放松音乐两段；场地设置一段有障碍的环形路。

活动过程

一、引入、热身

1. 游戏情景导入

指导语：小朋友们，今天老师要带小朋友们去农庄玩，大家开不开心？去往农庄有一段路程，路上也许会有障碍，但难不倒我们大班的孩子。现在我们一起出发吧！

（穿越障碍物，练习走、跑、跨越、钻等动作，达到热身目的）

2. 模仿农民伯伯使用簸箕

农庄到了，引导幼儿观察簸箕。这是什么？在哪里见过？有什么用？告诉幼儿，这是簸箕，在农村很常见，人们可以用它翻晒粮食和筛选粮食。现在我们一起拿着簸箕来模仿农民伯伯怎么使用的吧。放音乐（热身动作：簸箕放腰间，簸箕在胸前上下筛动，簸箕左右上下筛动，簸箕举高画圆，蹲下来画圆，跑一边扬杂质，跑另一边扬杂质。一手端簸箕另一手在簸箕中挑杂质再向上扬杂质。左边挑东西，扬杂质。右边单手在簸箕里挑东西画圆扬杂质、上下筛动放腰边上，跑去倒粮食。）

二、独立探索、合作尝试

1. 单人探索簸箕玩法

谈话引导幼儿自主探索让簸箕移动的玩法。

刚刚我们一起模仿农民伯伯怎么使用簸箕的时候，我们身体的什么部位让簸箕动了起来？（手）。

除了手以外，想想我们身体的其他部位能让簸箕动起来吗？例如：头、胸、背、腰、臀、膝盖、脚。现在我们一起来探索簸箕的玩法，手不能帮忙，怎样用身体其他部位让簸箕动起来？

看看谁的点子多，方法安全又好玩。观察小朋友探索情况，发现有价值的方法及时分享，让幼儿模仿。XXX 小朋友的玩法有趣又安全，请你给大家做个示范，大家一起来挑战一下。

加大难度，把动作变得更难更具有挑战性。抓住几个重点训练动作"头顶簸箕"（平衡走）、重点引出"乌龟背"（即手脚着地爬，簸箕放背上）、"蜗牛爬"（匍匐前进，簸箕放胸前匍匐带动走）等。

幼儿集体进行模仿练习，提醒幼儿不能用手帮忙。

2. 双人合作玩

（1）增加难度，自由结伴两人一组，进行合作探索。

（2）根据幼儿合作游戏情况，精选 2 种 ~ 3 种玩法，请小朋友做示范，其他小朋友自由结伴大胆尝试练习。

（3）现在我们要来开始比赛，看看哪一组配合最默契，爬得最快，不会散开和簸箕不掉下来。一次四组比赛。

每组比赛结束后讨论，他们为什么完成得又快又好？

（4）每组的第一名再进行一次比赛。

三、小结、放松

今天我们的农庄之行就要结束了，请每组的小朋友一起把簸箕放到旁边叠起来，你们在活动中保护自己、挑战自己、团结协作，表现得非常棒！簸箕其实还有很多玩法值得小朋友们去探索。今天大家都很累了，我们一起来放松一下，放松自己的各个部位，随老师一起做放松动作。现在大家跟我一起回家吧，原路穿越障碍返回。

第十部分　优秀运动活动设计

——优秀运动活动设计（七篇）

中班运动活动《小老鼠钻钻钻》

中班运动活动《小红军过草地》

大班运动活动《好玩的荷叶》

大班运动活动《小斗笠山间记》

中班运动活动《勇敢的小帮手》

大班运动活动《勤劳米口袋》

大班运动活动《玩转一根绳》

设计主题

中班运动活动 《小老鼠钻钻钻》

设计者

杜江霞 重庆市万州区龙沙幼儿园

指导教师

黄植宾　重庆市万州区鸡公岭幼儿园

李　红　重庆市万州区鸡公岭幼儿园

活动目标

1. 能在游戏情境中完成钻的基本动作，发展钻的能力。

2. 能根据"山洞"的大小高低的变化，用合适的方式钻爬形状各异、高低不同的"洞"，提高身体的协调性。

3. 游戏中能遵守游戏规则，感受游戏的快乐。

活动重难点

熟练掌握钻的动作，能根据山洞大小高矮度的变化来控制身体的变化。

活动准备

9 个纸箱，标志图 6 个，音乐《小老鼠上灯台》。

活动过程

一、情景热身：游戏《小老鼠上灯台》

幼儿听音乐扮演小老鼠上灯台的情景进行热身游戏，重点活动上肢运动和腿部运动。

二、尝试体验：神秘的山洞

幼儿自主探索通过纸箱山洞的方法，分享交流，提炼动作：钻

1. 纸箱变化一：平铺地上，幼儿尝试以钻的基本动作通过山洞。

关键提问：山洞哪儿去了？山洞怎么不见啦！请小老鼠找到山洞并钻过去。

2. 纸箱变化二：平铺后的纸箱对折，幼儿再次以钻的基本动作通过山洞。

3. 引导幼儿观察"山洞"的外形和大小的变化，思考并尝试该怎么钻过去？

4. 教师小结：纸箱山洞变小的时候，我们要把身体蜷得更小，控制自己的身体用力钻过去。

三、经验提升：人体山洞

1. 教师讲解示范玩法，幼儿分组游戏。

教师用身体变大小不等的山洞，幼儿玩钻人体山洞的游戏。

提炼方法：蜷身扭来扭去

2. 师幼交换用人体搭山洞，尝试挑战。

关键提问：人体"山洞"一会儿变高、一会儿变矮，你们能用刚才学到的方法顺利钻过去吗？

3. 幼儿尝试钻不同大小的"人体山洞"。

4. 小组交流讨论钻不同大小"人体山洞"的方法，钻的时候头、腰、膝的要求及不同高度时候的变化。

四、放松整理

师幼围成圆圈，用身体的不同部位与老师和同伴打招呼说再见。

设计主题

中班运动活动 《小红军过草地》

设计者

陈　莉　重庆市万州区天福幼儿园

指导教师

杨晓英 重庆市万州区教师进修学院

活动目标

1. 学习手脚爬行，锻炼四肢力量和身体协调性。

2. 愿意参加情景游戏，有初步的规则意识和竞争意识。

活动准备

材料准备：义勇军进行曲，小红军帽20顶，箭头标识四个，用草绳编织的网两张，布偶若干。

场地布置：布置好草地、雪山场景，利用箭头标识起点和终点。

活动过程

一、开始部分——热身运动

游戏："我是小红军"。

玩法：播放义勇军进行曲音乐，幼儿成四路纵队排开，利用故事法引导幼儿做各种红军动作，达到热身目的。

1. 吹军号：做吹军号动作进行呼吸唤醒。

2. 紧急集合：立正、稍息、向左向右转。

3. 敌人来啦：做隐蔽动作（手膝着地），打枪动作。

二、基本部分——小红军过草地

（一）我是小红军（指向目标1）

1. 自由尝试，感知体验。幼儿分成两组，从起点出发，手脚爬过草地后回到起点，感知手脚爬行的技巧，体验游戏的快乐。

2. 分享交流，梳理总结。先请动作规范的幼儿和不规范的幼儿分享过草地的动作，请大家找出问题，例如：膝盖碰地，手脚不协调。再次示范动作要领，幼儿原地体验。

3. 运用方法，再次实践。幼儿运用正确动作再次尝试过草地。

（二）小红军过草地（指向目标2）

（教师指导语）小红军们，今天我们要穿过草地，到达敌人后方，解救同伴，下面我们要进行小红军过草地比赛，动作规范且最先穿过草地的小红军就能解救一位同伴，你们有信心吗？

1. 两人一组过草地，先到达者解救一位同伴回来（布偶代替）。

2. 十人一组过草地，先到达的一组解救一位同伴（布偶代替）。

三、结束部分——放松活动

利用情景：《小红军回家了》的游戏引导幼儿做吐气、伸展、拥抱、互相轻拍手臂和腿部等放松动作。

活动建议

在小红军过草地竞赛游戏之前要规范幼儿动作，让幼儿充分了解游戏规则，在情景游戏中轻松达到练习手脚爬行动作的目的。

设计主题

大班体育《好玩的荷叶》

设计者

田寒露 重庆市万州区龙都幼儿园

指导教师

何　娟 重庆市万州区教师进修学院

活动目标

1、掌握携物接力跑、侧身跑、贴身跑的运动技巧。

2、能够与同伴合作，控制身体的平衡和协调完成任务挑战。

3、在玩荷叶的过程中体验运动活动带来的乐趣。

活动准备

荷叶若干、起始点标志。

活动过程

一、激发兴趣，活动身体

教师运用具有想象力的游戏指导语带领幼儿做热身活动。通过拉伸、走步、小跑、手臂腿部摆动、前后左右跳跃等动作，重点活动幼儿下肢关节。

1. 荷叶长大啦：身体拉伸，先收拢身体，然后慢慢展开身体拉伸。

2. 师幼互动游戏《池塘里的朋友》进行下肢关节锻炼。

螃蟹走路——走步练习

青蛙跳跳——前后左右跳跃练习

鳄鱼游游——手臂腿部摆动练习

鳄鱼来了，大家快跑呀！——原地跑步练习

二、合作探索，开展游戏

1. 荷叶接力：小组往返接力赛

第一名小朋友手持荷叶跑到对面，掉头跑回来将荷叶交给第二名小朋友，第二名小朋友接过递来的荷叶继续出发。

2. 荷叶运输：两两合作侧身跑

幼儿两人一组，跑到对面，两人面对面手牵手，将荷叶放在两人手臂上将荷叶运回。

3. 荷叶贴身跑：合作加速跑（难点）

一人加速跑：每人一片荷叶，荷叶放胸前，跑向对面时中途双手放开，以荷叶不掉地上为胜。

两两合作加速跑：两人一组，每人胸前一片荷叶，跑向对面的途中，两人双手放开荷叶，牵手跑向对面，以荷叶不掉地上为胜。

三、放松游戏，恢复身体

围坐在荷叶上，引导幼儿做吐气、伸展、脚尖点头、脚尖碰碰等动作放松腿部。

活动建议

在突破难点教学环节时，可根据幼儿的实际情况对合作难度进行灵活调整。

设计主题

大班运动活动 《小斗笠山间记》

设计者

陈红霞 重庆市万州区幼师幼儿园

指导教师

邢 磊 重庆市幼儿高等专科学校

活动目标

1. 通过斗笠的摆放，主动尝试和探索斗笠的不同玩法。

2. 在运动中观察、尝试、调整，发展基本动作，提高动作的灵敏性。

3. 在与乡土材料的有效互动中，体验游戏的乐趣。

活动准备

斗笠 20 个、玉米芯若干。

活动过程

一、热身活动：导入激趣

将斗笠摆成 1 竖排，每个间隔 10 厘米。

今天，我们跟斗笠做游戏。

山间散步：绕着斗笠散步，散步时用鼻子吸气，嘴巴吐气。

看谁做得对：听到信号马上行动，看谁做得对。散步的时候空气很好，深呼吸，伸伸臂，快走，跑起来，手臂摆动起来，慢走，请站在斗笠的左边、一只脚站立。坐在斗笠的旁边，脚放在斗笠上，手放地上，屁股抬起来、屁股放下、抬起来、放下。

孩子们请到老师这里，男孩子一队，女孩子一队。

二、基本环节：巧用斗笠，创玩游戏

（一）山间小路

把斗笠摆成 2 组。

1. 不一样的动作走过小路

①第一次尝试走过小路

男孩前面有条路，女孩前面一条路，路上有鹅卵石，小朋友过鹅卵石后男孩从这边回去，女孩从这边回去（借助手势），你过鹅卵石的动作要跟前面小朋友的不一样。

教师总结：小朋友模仿了很多动物，用跳、绕等动作过鹅卵石。我们怎么才能知道自己的动作和别人不一样呢？要多观察，要借用头、手、身体的各个部位，这样就和前面的小朋友动作不一样了。

②创玩儿游戏，再走小路

幼儿自主探索游戏玩儿法，鼓励幼儿用不同的动作过鹅卵石。

分享小结：教师总结幼儿不同玩法，讲评游戏，鼓励幼儿观察、想象、调整、反思如何过鹅卵石的动作都和前面的不一样。

2.S 形过小路

创设游戏情境增加游戏难度：

斗笠真调皮，它变换队形，斗笠摆成一排。

教师提问：这样的小路你要怎样过？

①自由过小路

男女生站成一排。引导幼儿 S 形绕过斗笠。每个人跟你前面一个人要从相反的方向回来，如果你前面的人从左边回来，你就要从右边回来。

②快乐运输队

10 个斗笠摆成 2 排。两个小朋友一组，一共分成 2 组。两人合作用一个斗笠装玉米芯（根据自己情况选择多少），2 组小朋友进行游戏，看哪组运输最多。

小结：怎么才能运输得又快又多？一定要选择适合自己的重量，在运输的过程中 2 个人要互相配合，你等等我，我拉拉你。

③幼儿自主探究新的玩法

鼓励幼儿大胆创新利用斗笠及玉米芯的玩儿法，教师引导支持。

小结：大班的孩子就是厉害。厉害在游戏中观察、尝试、调整，发现了斗笠结合玉米芯创造出了更多更有趣的方法。

3.跨小山

斗笠真调皮，这次它变成了一座座小山，10个斗笠摆成一排。

①第一次跨过小山

老师：我们怎么跨过小山？教师示范。

小结：用力蹬，使劲跨，就能跨过小山。

幼儿练习。

②第二次跨过小山

孩子可以根据自己的实际情况增加斗笠的高度。

怎么才能跨过更高的小山？

③幼儿自主探究新的玩法

鼓励幼儿大胆创新利用斗笠及其他乡土材料的玩儿法，教师引导支持。

分享小结：用力蹬，使劲跨以外，还可以助跑，这样可以跨过更高的小山。

三、结束活动：放松身体

师幼共同整理玩具。

走过小路，我们来到了一片草地上，师幼躺在草地上伸伸腿、弹弹腿、围成一个圆圈互相揉一揉、捶一捶腿。

活动延伸

用斗笠开展区域游戏。

1.美工区：幼儿尝试用不同的材料装饰斗笠。

2.运动区：幼儿和小朋友尝试斗笠的各种玩法。

3.表演区：幼儿尝试用斗笠做道具进行表演。

活动建议

活动中我将小斗笠和玉米芯结合，孩子们尝试玩出了不同的玩法。孩子们在探究的过程中发现身边常见的物品其实是很好的运动材料。活动中小斗笠还可以与其他的乡土材料结合。

设计主题

中班运动活动《勇敢的小帮手》

设计者

彭红嫒 重庆市万州区幼师幼儿园

指导教师

罗海燕 重庆市万州区幼师幼儿园

活动目标

1. 能协调、平稳地在不同木桩上连续跨走，并根据信号变化改变行走速度。

2. 了解游戏规则，主动遵守游戏规则。

3. 能克服困难，体验成功走过木桩的乐趣。

活动准备

物质准备：大小高矮不同的木桩 18 个、松果若干、篮子若干、积木若干。

场地准备：宽敞、安全的场地（小河及两排桥墩布置、积木搭建两所房子）。

心理准备：勇敢、乐于助人。

活动过程

一、热身活动：我说你做

师：今天天气真不错，我们一起去练本领吧。

1. 教师发出口令（慢速），幼儿根据口令做出相应动作。（口令一：向上跳，向下蹲；口令二：向前跳，向后跳）

2. 教师发出口令（速度稍快），幼儿调整速度做出相应动作。（口令与第一轮相同）

3. 教师发出口令（快速），幼儿根据教师发出口令的速度做出相应动作。（口令与第一轮相同）

小结：小朋友们都能听口令做动作，并且反应快，动作敏捷，练就了一身好本领。今天，有一只小动物想请小朋友帮忙，你们知道它是谁吗？

二、基本活动：跨走练习

1. **自主探索：尝试过河**

（1）故事引导：小朋友们，松鼠宝宝生病了，没有办法通过小河去对面的树林找食物，你们能够做一名勇敢的小帮手去对面帮助松鼠宝宝找食物吗？

（2）教师提问：你想到什么好办法通过小河桥墩呢？（幼儿自主探索从树木桥墩过河的方法）

（3）注意事项：

幼儿有序排队一个接着一个，注意安全。

不可以从桥墩上面掉落进河水里面。

小结：小朋友们非常聪明，善于开动脑筋，探索出了从树木桥墩过河的方法，成功帮助了小松鼠。

2. **学习游戏：跨走过河**

（1）谈话引导：小朋友刚刚都开动脑筋想到了很多好办法，老师发现有些小朋友想到了非常棒的方法，我们请他们来展示一下他们如何从桥墩上过河的。（请幼儿展示连续跨走的动作）

（2）教师示范：一只脚走上一个桥墩，另一只脚再走上第二个桥墩，两只脚连续交换行走在桥墩上。

（3）幼儿练习：女小朋友、男小朋友分别选择一排桥墩，进行跨走练习过河（循环）。

（4）注意事项：跨走过桥后循环练习，及时提醒幼儿从河边走回。

小结：小朋友们都知道了走木桩的正确方法，走的时候只要认真观察、保持身体平衡、脚下踩稳，我们都能安全走过桥墩。

3. **升级游戏：变速过河**

（1）故事引导：呀！不好啦，打雷了要下雨了，河水要涨高了，我们要快速过河去，不然待会儿桥墩被河水淹没了。

（2）听信号变化练习：以拍手为信号，慢速拍则慢走，快速拍则快走（幼儿和教师一起拍手感受拍手速度的变化）。

（3）游戏方式：

幼儿听教师的拍手信号，进行变速跨走（循环）

幼儿跟随教师拍手，边拍手边变速跨走，最后由幼儿自己改变拍手速度调整自己跨走速度。

（4）注意事项：

小朋友们加速跨走时，提醒注意安全（对于桥墩距离较远、桥墩较高而无法快速跨走时可以自己想办法解决或者寻求老师帮助）。

需听清拍手信号变化提示。

小结：我发现小朋友们的身体越来越协调、动作越来越标准，都能快速跨走过桥墩。我和小松鼠为勇敢的小朋友们送上一个大大的赞！

三、游戏活动：食物运送

1.故事引导：小朋友们都是非常勇敢的，现在我们就来帮助小松鼠运食物——松果。

2.练习游戏：我是小帮手（连续跨走运松果）

（1）谈话引导：小朋友们刚刚已经练习了过河的本领，现在请小朋友们用刚刚学会的本领帮助小松鼠运送食物。

（2）教师师范：先拿空篮子，从桥墩上连续跨走到河对岸，把松果装进篮子里，再连续跨走回来。

（3）幼儿游戏：运松果。教师适时指导，提醒幼儿保护好自己和松果，都不能够掉入河水中。

小结：小朋友们在运送松果的过程中都表现得很勇敢、动作也很敏捷，都是热心的、优秀的、勇敢的小帮手，小松鼠再也不会饿肚子了。

四、放松活动：畅想美味

结束语：小松鼠非常感谢勇敢的小朋友们帮助他们运送了食物，现在他们想要把松果做成美味的食物，我们就在松鼠宝宝的家门口一起做游戏等待美味的食物吧！（教师与幼儿坐在地上畅想美味、合作放松）

设计主题

大班运动活动《勤劳米口袋》

设计者

艾丽娟　重庆市万州区幼师幼儿园

指导教师

何　蓉　重庆市万州区幼师幼儿园

刑　磊　重庆幼儿师范高等专科学校

设计意图

米口袋作为乡土教育资源，对幼儿的发展具有重要意义。同时，米口袋是农村随处可见的一种乡土材料，这种材料来源于幼儿生活，具有一定的特性，但在运用到体育游戏中时，却发现幼儿玩法单一、兴趣不能持久、乡土材料并未得到有效应用。因此，在原有基础上，积极发挥米口袋开放性、指向性、可变性、易组合性等特点，注重材料应充分调动幼儿参与活动的兴趣和探究的欲望，对游戏进行创新性建构，引导幼儿与环境互动、与材料之间建立新的联系，因此设计此次体育活动，让幼儿在游戏中增强体质、发展基本动作、愉悦情绪。

活动目标

1.探索米口袋多种玩法，开展走、跑、跳等身体活动，发展幼儿基本运动能力及反应能力；

2.不怕困难、勇于尝试，积极主动参与游戏，感受合作玩游戏带来的乐趣。

3.在与乡土材料积极有效互动中，萌发对家乡的归属感。

活动准备

物质准备：米口袋人手一个、10以内的数字卡人手一张、草球、米袋、沙包若干。

经验准备：幼儿已掌握米口袋基本玩法，大班儿童能够积极地参与合作游戏……

活动过程

一、热身活动：导入激趣，初步感知

幼儿站成两排，前后左右相距一米，人手一个米口袋，玩对对碰热身游戏。

师：孩子们，今天老师带来了一件特别的玩具，看看是什么？现在跟着我和它一起玩对对碰的游戏。

1.头部对对碰：低头、仰头，转一圈，和口袋打招呼完成头部运动。

2.上肢对对碰：双手举高前后左右拉伸再弯腰触摸口袋完成上肢运动。

3.下肢对对碰：双脚跳、单脚跳、跨跳到口袋上完成下肢运动。

4.气息对对碰：跟随教师口令调整呼吸，看是否能吹起口袋完成呼吸运动。

二、基本活动：探究学习，创新游戏

（一）自主探索，初次尝试

1、鼓励幼儿大胆探索米口袋的不同玩法。

2、分享不同玩法并示范。

3、师幼互动小结：可以当风筝，可以当小袋鼠跳跳，可以做毛毛虫、转盘、滑板车……

（二）材料组合，扩散思维

1.单人游戏：数字跳跳乐

幼儿自主将10以内的数字粘贴在口袋上，为游戏做准备。

（1）幼儿分为2组，随意将米口袋摆成2条直线，抛出任务：如何用不同的方式通过口袋小路。

（2）幼儿尝试用不同的方式通过，教师随机指导。(幼儿: 走过、爬过、四肢交替向前爬行，身体翻滚……)

（3）分享交流，引导幼儿观察口袋上的数字，可以怎样玩？以什么方式通过？投票决定游戏玩法：数字跳跳乐。

①幼儿从起点出发，跳到未贴数字的不停顿，跳到数字是几就跳几下，小路结束返回起点。

②幼儿从起点出发，跳到未贴数字的不停顿，跳到双数跳 2 下，单数跳 1 下，小路结束返回起点。

教师小结：玩游戏时，为什么有的孩子慢，有的孩子却又对又快？除了控制自己身体的平衡能力外，还应在起跳前仔细观察道路当中的数字，做到心中有数。

③幼儿自主协商，构建游戏新玩法，教师适时指导。

2. 双人游戏：勤劳搬运工

投放多种材料，如：草球、米袋、沙袋等，幼儿分为 2 组，结合自身的能力选择运送物品的重量进行游戏。

（1）抛出任务：2 人一组怎样用米口袋将沙包运送到对面的篮筐里？

（2）尝试用不同的方式、整合不同材料进行运送，教师随机指导。（幼儿：拖、扛、抬……）

（3）分享交流，以上方式我们选择以什么方式运送？运用了哪些材料？投票决定游戏玩法：勤劳搬运工

①幼儿两两合作将沙包放在口袋上，抬起从起点出发，跑到终点结束返回起点。

②2 组幼儿进行竞赛游戏。

教师小结：游戏时，盛放物品的重量应结合自己的能力，保证两人能抬起来，跑的过程中沙包不能掉落，保证游戏能够顺利进行。

③幼儿自主协商，构建游戏新玩法，教师适时指导。

3. 三人游戏：趣味拉车赛

（1）幼儿 3 人一组，抛出任务：怎样玩米口袋？

（2）幼儿尝试用不同的玩法，教师随机指导。（幼儿：拉角旋转、向上抛接、趣味拉车……）

（3）分享交流，以上方式我们选择哪一种进行游戏？投票决定游戏玩法：趣味拉车赛

①将米口袋放在地上，一名幼儿蹲上面抓紧边缘，另两名幼儿拖口袋一角，保证被拖幼儿不从上掉落的情况下从起点快走或快跑到终点，先到为胜。

②同上游戏玩法，幼儿进行角色交换。

教师小结：这个游戏的难点在哪里？当我们拖车时，上面蹲着的幼儿不好掌握平衡，容易掉落下来，所以在游戏时，我们应该相互等待，而不能只顾自己往前冲，才能取得游戏的胜利。

③幼儿自主协商，构建游戏新玩法，教师适时指导。

三、放松活动：调整呼吸，放松身心

1. 跟着我一起深呼吸，吸气——吐气——吸气——吐气……

2. 坐在米口袋上，两个孩子轮流给对方捏肩、捶腿。

3. 躺在米口袋上，左右交替舒展手臂、腿部肌肉。

四、延伸活动：投放区角，自主游戏

将材料整理好后归类到区角，幼儿可自主游戏。

活动反思

活动亮点：从选材来看，米口袋随处可见、便于操作、实用性、安全性强，符合乡土材料在幼儿园运动游戏中的开发与应用重点选材要求，便于在运动材料匮乏的农村园所推广使用。其二，活动的重难点在于创新性，整个活动设计由易到难，人数相应递增，从个别到合作，同时多领域渗透、灵活多变地开展走、跑、跳等运动能力游戏，有效地挖掘了米口袋的多种玩法，发展了幼儿的运动反应、逻辑思维等各项能力，更潜移默化地形成了良好的学习品质。

活动不足：一是米口袋虽容易收集，但不牢固，在趣味拉车赛中，由于与地面摩擦的原因会导致破损，建议玩此游戏时将口袋进行多层缝制。二是本游戏核心问题是创新性与开放性，在游戏中孩子想到的多种玩法，不能一一采用，导致未采用玩法的孩子略有失望，建议结合幼儿兴趣多次开展本活动的延伸课程。

设计主题

大班运动活动 《玩转一根绳》

设计者

罗　娟　重庆市万州区复兴幼儿园

指导教师

何　娟　重庆市万州区教师进修学院

活动目标

1. 尝试助跑跨跳，发展幼儿的腿部力量，提高动作的协调性和灵敏性。

2. 能向解放军叔叔学习，勇于尝试、不怕困难。

活动准备

材料准备：一根长麻绳、起始点指示垫、空旷的活动场地。

场地布置：标有起止点的活动场地、麻绳围成圆圈。

活动过程

一、扮演角色，热身激趣

炸碉堡（图一）

游戏玩法：幼儿扮演红军围绕侦查，进行热身。边走边吸气、吐气——半蹲走——四肢移动走——并脚、张开换位跳——脚做石头、剪子、布。

二、分层活动，自主挑战

（一）穿越防火线（图二）

1. 麻绳设置为防火线，幼儿通过钻、爬、跳越、跨跳等动作躲过防火线。

2.两位教师根据幼儿情况调整麻绳高度，速度由慢到快，幼儿自主挑战。

重点指导：游戏前预设可能发生的状况。提出游戏规则：要求幼儿根据麻绳变化运用自己的方式躲过防火线，穿越火线身体不能触碰防火线，游戏后教师小结多种穿越火线方法。

（二）跨越地雷区（图三）

1.利用麻绳创设宽窄不一的地雷区，幼儿自主选择宽度迅速跨越雷区。

2.调整地雷区的宽度，鼓励幼儿再次尝试。

3.教师正确示范助跑跨跳。

助跑（速度由慢到快）——蹬地（离雷区近）——起跳（单脚起重心向上，两腿尽力打开）——落地（单脚后跟先落地）。

4.加大宽度，幼儿用正确助跑跨跳方法再次挑战。

难点化解：幼儿自主选择麻绳宽度跨越游戏大胆尝试，教师及时肯定，并请个别幼儿进行演示，教师进一步指导并正确示范。

（三）飞夺泸定桥（图四）

1.利用麻绳创设飞夺泸定桥情境，幼儿根据绳子变化，跨过泸定桥。

2.两位教师晃动麻绳，加大难度：

（1）两手交替上下移动，速度由慢到快。

（2）两手开合移动，速度由慢到快。

（3）两手开合移动，速度快慢交替，绳子左右移动。

指导策略：引导幼儿在游戏中观察麻绳动向做出判断，自主挑战，通过对比评价进行指导。

三、游戏放松，欢呼胜利（图一）

手举麻绳跳——躺地脚对脚击掌——交替弹脚——与战友脚对脚交替摇动——与战友用脚击掌。

活动场景图

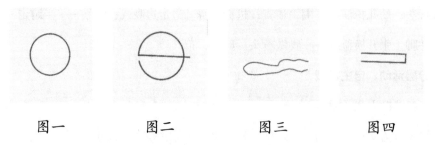

图一　　　　　　图二　　　　　　图三　　　　　　图四

编后记

本书的编写源于 2019 年 9 月至 12 月开展的"国培计划"——万州区乡村幼儿园教师保教能力提升培训。我们几位主编全程参与培训团队，并主导培训的实施。主编何蓉是此项培训聘任的指导团队首席专家，也是万州区学前教育名师工作室主持人、万州区幼师幼儿园园长；主编杨晓英、王伟分别担任万州区教师进修学院工会主席和教师发展研究中心负责人，是此次培训的项目负责人，全面负责培训的项目申报、方案制定及过程指导。起初，在团队制定培训方案时，我们就思考将"国培计划"幼师项目的培训内容确定为一个系列连续开展，于是，我们针对"乡村幼儿园教师"这一特定培训对象，确定了"乡土材料的开发与应用"主题系列，选定了"运动游戏"领域的开发与应用为本次培训的主要内容，方案得到了市级国培审核专家的认可，也得到了项目指导专家团队的大力支持。当然，得到参训学员们"这次培训对我们乡村幼儿教师最有用、最有效"的评价，才最让人欣慰！历时三个月的艰辛，经历专业的"混合式"国培研修的历练，学员们保教能力得到显著提升，我们也收获了丰硕成果。在乡村随处可得的乡土材料，经过学员们的开发和加工，变成了精致的教玩具；精致的教玩具经过学员、导师们的精心设计，竟变成了幼儿园里有趣的"运动游戏"……这些丰富的优秀资源不断涌现出来，是那么吸引人、打动人，我们坚定地认为，我们有责任，也非常有必要，将它们收集、整理并记录下来，以便更多的人进行分享、借鉴。于是，我们便充满激情地编写了这本书。

本书的编写过程中，我们遴选了几种常见乡土材料，努力按照"乡土材料的选择——材料收集与加工——游戏设计——教学参考"的逻辑意图进行呈现，真诚地希望能为读者打开一些创新的开发思路，提供一些完整的应用案例。本书的编写虽已结束，关于"常见乡土材料在幼儿园运动游戏中的开发与应用"一定还不够成熟与完美，但我们却更加自信，对幼儿园游戏活动的研究充满热情，我们也期待并时刻准备着，借助"国培计划"幼师培训项目，继续探究"乡土材料"

在幼儿园结构游戏、角色游戏等方面的实践与应用，为学前教育的发展贡献一点力量。

感谢重庆市教师发展中心（市国培办）和万州区教师进修学院，为我们提供了参与这次幼师国培的机会。感谢国培指导专家团队的倾情指导，为我们提供了高质量的实践案例。感谢"何蓉学前教育名师工作室"全体成员和国培学员，为我们提供了丰富的创意和资源。

编者